Anna Mandus

Licht und Schatten in Namibia 2

Anna Mandus

Licht und Schatten in Namibia 2

Mehr vom Alltag in einem Traumland

PALMATO Publishing

ISBN 978-3-946205-27-2

2. Auflage 2024
Originalausgabe

Lektorat: Maren Jessen
Umschlaggestaltung: Paperlux, Hamburg
Umschlagfoto: © Julia Runge
Layout, Satz und Produktion: Albrecht-Q GmbH, Hamburg
Druck und Verarbeitung: ScandinavianBook
Papier: 80 g/qm Munken Cream, Bulk 1.5, FSC®

Informationen über das aktuelle Programm
von Palmato Publishing unter
www.palmato-publishing.com

Für meine namibische Familie,
die mir eine neue Welt eröffnet hat.

Namibias Regionen

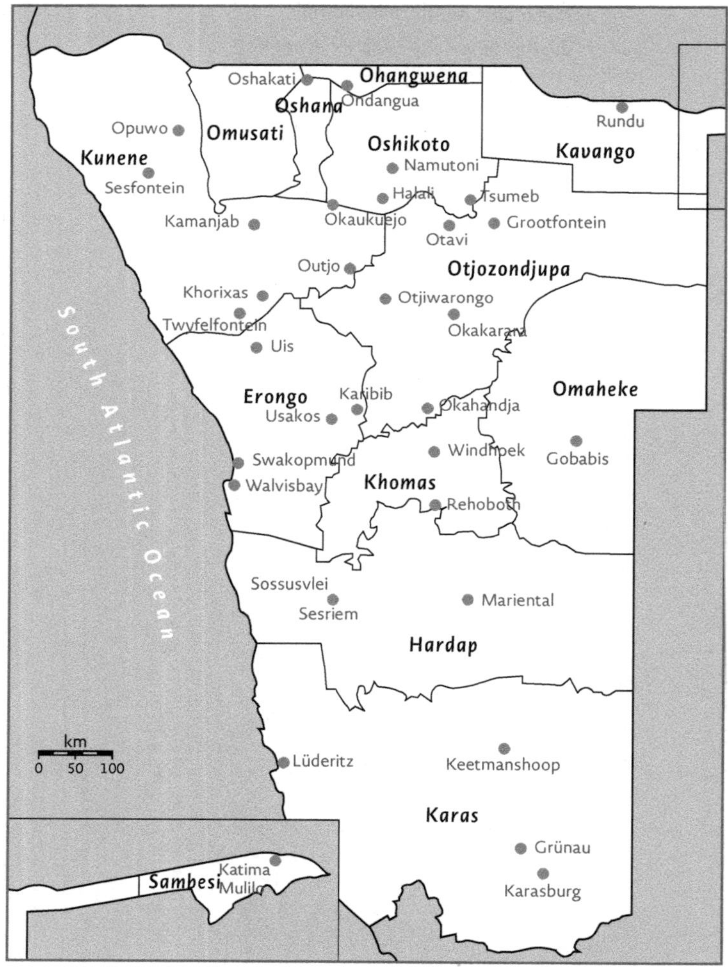

Inhalt

Ein Wort vorweg

Vier Jahre sind vergangen, seit der erste Band meiner Alltagsgeschichten aus Namibia erschienen ist. Die große Resonanz darauf hat mich überrascht – mehr als 10.000 Exemplare wurden bis heute verkauft – für ein Reisebuch über ein kleines Traumland ist das eine beachtliche Auflage. Besonders gefreut hat mich, dass so viele Leser, die in Namibia leben oder gelebt haben, sich in den Geschichten wiederfanden. In vielen Zuschriften per E-Mail oder in Internet-Foren haben sie mich bestärkt, mehr zu erzählen und auch weiterhin offen kritische Fragen anzusprechen. Nicht alle Zuschriften waren positiv, der ein oder andere Leser bemängelte, dass ich zu sehr aus der Sicht einer weißen eingewanderten Mittelschichtsfrau berichte, dass die schwarze Perspektive fehlt, die Probleme der Unterprivilegierten. Ich habe in diesem zweiten Band versucht, diese Lücke ein wenig zu schließen, darüber zu berichten, was insbesondere Frauen, Kinder und Jugendliche in den verschiedenen Volksgruppen bewegt, und habe mir angeschaut, wie das Leben auf dem Land aussieht. Und doch wird bei einigen der Wunsch bestehen bleiben, noch mehr darüber zu erfahren, wie die einheimische Bevölkerung denkt und fühlt. Und mir selbst geht es nicht anders: Ich habe mir vorgenommen, in Zukunft weitere Personen und Persönlichkeiten ausfindig zu machen, die Namibia und seine Gesellschaft in der einen oder anderen Form voranbringen, und über sie zu berichten. Doch das ist ein Zukunftsprojekt, vielleicht ein dritter Band. Der vorliegende zweite wirft wieder Schlaglichter auf das vielfältige Leben in diesem wunderschönen Land, auf bekannte und weniger bekannte Phänomene der Gesellschaft und des Alltags.

In den vergangenen vier Jahren hat sich vieles verändert in Namibia – und anderes ist unverändert geblieben. Verändert hat sich die wirtschaftliche Lage: Namibia befindet sich in einer Rezession, die durchschnittlichen Einkommen sind weiter gesunken, und trotz der Beteuerungen der Regierung, man sei auf einem guten Weg, ist die Stimmung in der Bevölkerung skeptisch. Die Reichen bleiben reich, doch die Mittelschicht leidet, droht abzurutschen, ihren sicheren Lebensunterhalt zu verlieren, und noch härter trifft es die Armen, von denen es in Namibia leider immer noch so viele, so viel zu viele, gibt. In Zeiten leerer Kassen müssen sie hart um Unterstützung kämpfen und haben den Kampf oft schon verloren, bevor sie ihn beginnen. Ihre Lobby ist zu schwach – prestigeträchtigere Projekte bekommen meist den Vorzug. Besonders bitter ist das für die Jugend. Sie braucht Perspektiven, will Zukunft sehen und gestalten. Doch was kann sie tun, wenn dafür die Möglichkeiten und die Mittel fehlen? Werden wir Migration aus Namibia erleben?

In den letzten Jahren hat sich Namibia auch immer wieder einen Platz in unseren Nachrichten erobert – nicht das Reise- und Traumland, sondern die ehemalige Kolonie, die um Rückführung von Kulturgütern und um Wiedergutmachung kämpft. Namibia scheint hier einen Teilerfolg zu erringen. Ein Völkermord wurde eingestanden, namibische Kulturgüter sollen von wo auch immer zügig zurückgeführt werden. Zusätzliche Zahlungen, Reparationen, stehen zur Zeit nicht auf dem Plan: Die substanzielle Entwicklungshilfe der letzten Jahre – immerhin ist Namibia seit Jahren der größte Nettoempfänger – habe dieses bereits abgegolten und tue es noch. Das schmerzt besonders die Volksgruppen, deren Leiden durch solche Wiedergutmachungen „kompensiert" werden sollen und die „dank" ihres geringen Bevölkerungsanteils nur ein kleines Stück vom Entwicklungshilfe-Kuchen erhalten.

Das Miteinander der Völker wird vermutlich auf lange Sicht eines der wichtigsten Themen des Landes sein, denn es gibt nur eine gemeinsam gestaltete Zukunft für die Namibier. Das betrifft auch die großen Herausforderungen der Natur. Die Dürre der vergangenen Jahre hat alle getroffen. Eine Jahrhundertdürre, die seit 2014 das Land überzieht und die Stadtbevölkerung ebenso bedroht wie die Farmer. Wasser ist Leben, hier wie überall und doch ist sein Mangel in diesem Wüstenstaat so unmittelbar spürbar, so existenziell bedrohend. In einem Land, in dem nicht sofort staatliche Subventionen fließen, wenn es den Landwirten schlecht geht.

Wer nun den Eindruck gewonnen haben mag, dass in diesem zweiten Band meiner Alltagsgeschichten der

Schatten überwiegt, den kann ich beruhigen. Sie werden oft lachen oder zumindest lächeln können. Es gibt viele unbekannte Seiten des Lebens hier, die uns schmunzeln lassen, und bei allen Herausforderungen sind die Namibier ein fröhliches Volk. Sie feiern, sie packen an, sie setzen sich Ziele und blicken nach vorn. Positive, heitere Geschichten konnte ich in allen Volksgruppen und auf allen gesellschaftlichen Ebenen finden. Vom jungen San-Mädchen bis zur First Lady des Landes. Und so ist dieser Mix von Geschichten aus Namibia abseits der Touristenpfade trotz der Dürre bunt, trotz des deutschen Einflusses exotisch und trotz der vielen Schwierigkeiten voller Lebensfreude und Musik.

Im März 2020 wird Namibia sein Unabhängigkeitsjubiläum feiern. 30 Jahre unabhängig – das bedeutet, heute lebt die erste Generation in Namibia, die keine Fremdherrschaft mehr kennt. Was diese Generation über ihr Land zu sagen hat – auch das könnte ein weiteres Buch füllen. Doch zunächst wünsche ich allen Lesern viel Spaß mit diesen Geschichten.

Anna Mandus,
im Sommer 2019

Bibbern in Namibia

Warum Afrikaner einfach cooler sind als wir und wann Liebestöter ihren großen Auftritt haben.

Meine Freundin Julia reist heute nach Namibia, das erste Mal, mit *Chamäleon-Safaris*. Eine organisierte Rundreise, die durch den renommierten Reiseveranstalter offenbar sehr gut vorbereitet wurde. Sie hat ausführliches Infomaterial bekommen. Nur eins steht da nicht drin: Was nimmt man mit für den Winter in Namibia? Denn nun, im Mai, hält der dort Einzug. In den Reiseunterlagen steht immer nur „Es kann kalt werden“. Aber was bedeutet „kalt“ im südlichen Afrika?

Winter in Namibia heißt: Es ist tagsüber draußen wärmer als drinnen. Die Sonne wärmt, aber die oft ungeheizten Häuser sind kalt. „Das kann ich mir gut vorstellen“, sagte meine Freundin Dorothea, die auf Mallorca lebt. „Bei uns in Spanien ist es im Winter auch kalt in den Häusern.“

Aber sie versteht doch nicht so richtig, was ich meine. Denn Mallorca liegt nicht 1.800 Meter über dem Meeresspiegel und unter einem wolkenlosen Sternenhimmel, in den die Wärme des Tages ungebremst entflieht. So ist es aber hier auf dem Gondwana Hochplateau. Und das führt dazu, dass die Temperaturen nachts nicht selten unter den Gefrierpunkt sinken, in kalten Nächten in Windhoek fallen sie bis auf minus zehn Grad oder sogar noch tiefer. Ich hatte mich monatelang gefragt, warum manche Freunde mir so mitleidige Blicke zuwarfen, als sie hörten, dass wir ein Haus in Avis gekauft hatten. „So, so, in Avis ..." Der Stadtteil ist zentrumsnah, hübsch angelegt mit alten Häusern verschiedener Baustile, die die kleinen gewundenen Straßen säumen – zumindest ist das so in dem Teil, in dem wir wohnen – und er liegt direkt am Avis Damm, dem Stausee und Naherholungsgebiet. Das ist doch eine Toplage! Warum also wollten die meisten da nicht wohnen? „Ach, für uns wäre das nichts", höre ich. „Dann doch lieber in Klein Windhoek, Eros oder eher noch Olympia ..." In meinem ersten Winter in Windhoek fand ich den Grund heraus: Von Mai bis August ist es kalt, saukalt sogar. Die Feuchtigkeit über dem Stausee zieht die Kälte an, und die Hügelkette, die hinter unserem Grundstück verläuft, fängt dieses Mikroklima auf und wirft es gnadenlos zurück – genau auf unser Haus. Das ist im Winter noch mal fünf Grad kälter als alle anderen Windhoeker Häuser – mindestens. Dazu wirft der Berg einen längeren Schatten, die Sonne kommt später und die Kälte vom See dringt in alle Ritzen unseres geliebten Hauses aus den 1980ern – jener seligen Zeit, als sich in Namibia noch niemand um Heizungen geschert hat. So einen neumodischen Firlefanz haben wir deshalb auch nicht. Wir haben einen Kamin. Einen offenen, ohne Scheibe. Der verbreitet etwas Wärme auf den zwei Quadratmetern um die Kaminöffnung herum – mehr allerdings nicht. Die Folge: Wir sitzen in der Winterjacke vor dem Fernseher und haben eine Plüschdecke über den Knien. Und erst das Schlafzimmer! Dieses wundervolle Schlafzimmer, das so wenig Sonne bekommt und uns deswegen den ganzen Sommer über so ideal erschienen war, weil es sich gar nicht aufheizte. Nur sehr selten mussten wir die Klimaanlage anstellen. Es wurde nicht besonders warm – aber nun im Winter eben auch nicht. Gar nicht. Und das Ergebnis ist, dass wir im Schlafzimmer morgens Temperaturen zwischen 5 und 8 Grad Celsius haben. Nachts ist das nicht so kritisch, wenn man wie ich das Glück einer großen lebenden Wärmflasche im Bett hat, und außerdem habe ich meine dicken Daunendecken aus Deutschland mitgebracht. Aber wenn man morgens aus dem Bett will bzw. muss, sieht es anders aus. Wie gelangt man durch diese Eishölle in das ebenfalls kalte Badezimmer? Auf keinen Fall ohne Bademantel! Ich liebe mein riesiges pinkfarbenes Plüschungetüm, das zudem noch über und über mit roten Schmetterlingen verziert ist. Ein Bademantel von so ausgesuchter Hässlichkeit, dass ich ihn in Hamburg sicher keines zweiten Blickes gewürdigt hätte, aber hier leuchtete er mir im Geschäft in der Maerua Mall entgegen in all seiner dicken Plüschigkeit und verhieß einen warmen Spurt ins morgendliche Bad. Er muss allerdings nachts neben dem Bett auf einem Stuhl liegen, sodass ich morgens nur eine Hand unter meinen Daunen hervorstrecke und ihn unter die Decke ziehe, um ihn erst einmal für ein paar Minuten anzuwärmen. Dann hineingeschlüpft und durch die Eiswüste ins Badezimmer gehuscht, um dort den Gasofen anzustellen. Wieder zurück ins Bett und warten, bis das Badezimmer warm genug ist, um sich auszuziehen.

Konnten wir denn nicht einfach eine Heizung im Schlafzimmer einbauen? Hätten wir vermutlich gekonnt, aber es war teuer. Und Tourunternehmen, besonders kleine, die individuell konzipierte Safaris anbieten, verdienen entgegen landläufiger Meinung nicht das große Geld. Deshalb blieb es bei halbherzigen Versuchen mit Elektroöfen, die es mit einem unglaublichen Stromverbrauch – Faustregel: ein Euro pro Stunde – schafften, die Temperatur im Schlafzimmer von 8 auf 10 Grad zu steigern. Hmmm. Der Mann an meiner Seite, versuchte mich zu beschwichtigen. Es sei ja nur für zwei Monate kalt, höchstens drei. Mitte Mai bis Mitte August – danach würde es doch schon wieder richtig frühlingshaft werden.

Das Ganze führt dazu, dass wir im Winter versuchen, so viel wie möglich draußen zu sein, denn da ist es angenehm, sobald die Sonne hoch am Himmel steht. Wir frühstücken im Garten, essen auf der Terrasse zu Mittag, denn da ist es wärmer als im Haus, und abends gibt es Schnittchen, die kann man auch auf dem Sofa zu sich nehmen, eingehüllt in Decken und vor dem Kamin, dessen Flammen die Illusion von Wärme verbreiten.

Man will also möglichst viel Zeit draußen verbringen, aber auch das ist nicht ohne. Denn: Die Sonne wärmt, aber überall dort, wo Schatten ist, wird es sofort kalt. Und der Unterschied kann extrem sein: Du sitzt in einem der wenigen Gartenrestaurants und nicht nur dein Rücken wird kalt, wenn du dich so gesetzt hast, dass dein Gesicht zur Sonne zeigt. Nein, auch dein Hinterteil und deine Beine, die unter dem Tisch beschattet werden, frieren langsam aber sicher ab, während dein Oberkörper im angenehmen 18 bis 20 Grad warmen Sonnenschein verweilt. Aber immerhin ist es auch im Restaurant draußen wärmer als drinnen. Du musst nur ein Restaurant auswählen, das Kissen auf den Stühlen hat. Sonst frierst du noch mehr. Oder eins mitnehmen – oder einen Schal, auf den man sich unauffällig setzen kann, oder ...

Meine Lösung heißt: eine Weste und Skiunterwäsche. Bei der Weste werden vermutlich alle noch nicken. Die kann man über die Fleecejacke ziehen und vorne öffnen. Dann ist der Rücken warm und trotzdem schwitzt man nicht. Aber Ski-Unterwäsche? In Afrika? Unbedingt! Mein Lieblingskleidungsstück ist eine wundervolle wollene Unterhose, die bis zur Mitte des Oberschenkels reicht. Habe ich von meiner Mutter geerbt, die das gute Stück für ihren einzigen Skiurlaub in den 1970ern gekauft und dann nie wieder getragen hat. Und so sieht sie auch aus, die Unterhose – als hätte ich sie von meiner Mutter geerbt. Ein wahrer Liebestöter! Zwischen Mitte Mai und August sollte ich mich besser nicht neu verlieben – oder wenigstens nicht spontan. Wenn ich mich morgens beim Anziehen im Spiegel sehe, kann ich kaum glauben, dass das Wesen in der Wollunterhose ich bin und nicht irgendeine ostsibirische Bäuerin. Unglaublich hässlich ist das Ding – aber mollig. Die Jeans passt einwandfrei drüber. Und dann sieht man sie auch nicht mehr. Der Mann an meiner Seite kennt mich schon ohne – und beneidet mich insgeheim, vermute ich. Obwohl es ja immer heißt, Männer frieren nicht so schnell. Oder wenn, dann geben sie es nicht zu. Alle winterlichen Namibiareisenden, deren Mütter keine Angoraschlüpfer gehortet haben, können alternativ auf das Sortiment an moderner Thermounterwäsche zurückgreifen. Ob die genauso gut wärmt, ist die Frage. Aber hübscher ist sie allemal.

Wenn wir auf Tour gehen im Winter, nehmen wir unsere Daunenbettdecke übrigens mit. Das ist der ultimative Luxus – unter einem sternenklaren Himmel ins Dachzelt krabbeln, dann alles schön zumachen und unter die zwei Meter breite Daunendecke. Himmlisch! Nur, dass man den Kopf nicht unter die Decke stecken kann. Der liegt irgendwie immer an oder in Nähe der Zeltwand und somit an einer eiskalten Stoffbahn. Wenn es draußen Minusgrade hat – wie warm kann dann die Zeltbahn sein? Damit kommen wir, nach Plüschbademantel und Wollunterhose, zum dritten unverzichtbaren Kleidungsstück für den Winter in Namibia: einer warmen Mütze. Eine sogenannte „Beanie" – eine Pudelmütze ohne Pudel, am besten schön fleecegefüttert – ist unverzichtbar für die Nächte im Zelt und manchmal auch für die Abende am Lagerfeuer. Der Sternenhimmel über Namibia ist immer spektakulär, aber nie so spektakulär wie im Winter, wenn du glaubst, die Sternbilder seien von einem himmlischen Diamantenhändler auf einer großen Samtauslage für dich ausgelegt worden. Du musst nur die Hände ausstrecken, dann kannst du einen greifen und für dich herunterholen. Dazu die Stille des Busches oder der Wüste um dich herum, die in dieser klirrend frischen Luft noch unberührter scheint als im Sommer. Das will man doch genießen! Da will man doch auf keinen Fall früh ins Bett, nur weil man friert!

Und deswegen braucht man eine Mütze – und eine warme Jacke. Der Mann an meiner Seite ist ja in Namibia aufgewachsen und hat ein ganz anderes Temperaturempfinden. Er hat sich im Juni in Travemünde eine Wollmütze gekauft, weil er fand, der Wind sei so kalt ... Aber im Winter in Namibia sitzt er nur in T-Shirt und Fleecejacke am Lagerfeuer. Okay, mit zwei Fleecejacken und einer Weste, aber natürlich in kurzen Hosen ... und nicht selten mit „Schlappies" (Flipflops) an den Füßen. Mehr hat er nicht an, weil er findet, das sei etwas für Jerries und für Weicheier und nichts für harte Südwesterjungs. Womit er vielleicht recht hat. Aber weil ich weiß, dass ich kein harter Südwester bin, und weil Frauen sowieso leichter frieren, habe ich eine gefütterte warme Jacke dabei. Und diesmal bin ich sicher, dass er neidisch ist. Ich sehe die Blicke, wenn er glaubt, ich schaue nicht hin. Dann darf er mit unter meine größte Trumpfkarte – die Fleecedecke. Allen meinen Freunden, die zwischen Mai und August nach Namibia reisen, empfehle ich, eine von den kleinen Fleecedecken mitzunehmen, die das bekannte schwedische Möbelhaus im Angebot hat. Für den Preis von knapp 4 Euro hast du das ultimative Utensil, das du dir am Lagerfeuer um die Beine wickeln kannst (Jeans sind keine Winterhosen!), das dir zusammengefaltet die eiskalten, weil eisernen Stühle polstert und wärmt, das du mit ins Restaurant nimmst, wo du es dir unter dem Tisch über die Beine legst und so dafür sorgst, dass es Eisbein nur auf dem Teller gibt, nicht aber unter dem Tisch. Ist die Bettdecke zu dünn, kannst du die Fleecedecke darüber ausbreiten und ... und ... und ...

„Aber die muss dann ja auch noch mit in den Koffer", jammern einige, denen ich das empfehle. Und ich sage nur: Erstens ist die Decke klein, eine Rolle von nur 15 cm Durchmesser oder flach zusammengelegt nicht mehr als ein mitteldicker Pullover. Und zweitens ist sie der ideale Souvenir-Platzhalter. Sie wissen nicht, was ein Souvenir-Platzhalter ist? Das ist der Reiseartikel, den man ohne Bedauern bei der Rückreise zurücklässt – und schon hat man Platz für die kleinen geschnitzten Büffel und Giraffen, die man im Souvenirshop gekauft hat, die afrikanischen Ketten und vielleicht das Biltong. Schenken Sie die Decke auf der letzten Lodge der Safari einem Angestellten – und machen Sie einen Menschen glücklich. Für 4 Euro. So ein schönes Geschenk! Und der Koffer geht einwandfrei zu, während sich die anderen Reiseteilnehmer mit Tüten und Taschen behängt am Check-in anstellen müssen.

Aber noch mal zurück zum Thema: Bin ich ein Weichei, wenn ich mich vor Kälte fürchte? Die Antwort muss sicher lauten: Ja, ich bin eins. Ich und vermutlich der Großteil der weiblichen Bevölkerung Deutschlands. Wir frieren. Immer wenn die Temperaturen unter 20 Grad fallen ist uns kalt. Die einheimischen namibischen Frauen dagegen sind aus härterem Holz geschnitzt, und zwar unabhängig von Hautfarbe und Ethnie. „Oh, jetzt wird es wirklich kalt", seufzt meine Freundin Sabine, als wir skypen, und zieht sich ihre Häkelstola ein wenig fester um die Schultern. Richtig gelesen: ihre Häkelstola. Ein mittelgroßes Gebilde mit mehr

Löchern als Garn, das sie sich locker um Schultern und Hals gelegt hat – darunter sehe ich eine Bluse. Im Winter. Ich sitze zur gleichen Zeit in T-Shirt, Fleecejacke und Daunenweste am Computer – sie in der Stola. Und auch Naomi und die anderen Hausangestellten kommen morgens von der Bushaltestelle in den gleichen farbenfrohen Baumwollgewändern, die sie das ganze Jahr über tragen – nur mit einem Schal um Hals und Schultern. Mir wird schon beim Hinschauen kalt, denn die haben bestimmt keine wollene Unterwäsche darunter – und ganz sicher ist es in ihrem Haus oder in ihrer Hütte in Katutura oder Wanaheda oder Otjomuise nachts ebenfalls nur knapp über null Grad. Und vermutlich überstehen sie das ohne Daunendecke im Bett und ohne Plüschbademantel. Wie macht man das? Wie überlebt man drei Monate nächtliches Frieren? Tagsüber kann man sich zumindest warm arbeiten, und ich habe größtes Verständnis dafür, dass Naomi im Winter gerne alle Dinge nach draußen in die Sonne trägt, um sie dort einmal „gründlich sauber zu machen".

Sie sind einfach nicht so verweichlicht diese Afrikaner. So wie wir Europäer es vermutlich auch einmal nicht waren. Wie hat man denn gelebt, in Norddeutschland oder Schottland in diesen endlosen nasskalten Wintern, bevor es Jack Wolfskin gab? Waren wollene Umhänge wirklich regendicht? Ich kann es mir nur schwer vorstellen, gebe aber zu, dass Schafe entspannt aussehen, wenn sie im Regen stehen. Vermutlich wussten unsere Vorfahren, wie man Wolle behandelt, damit sie ihre isolierende Eigenschaft behält – während wir es geschafft haben, sie so zu „veredeln", dass sie im Regen zu einem nassen, niemals trocknenden Sack wird. Ohne Fleecekleidung ist der moderne Europäer nicht mehr wettertauglich.

Doch zurück nach Afrika, wo Regen nicht das Problem ist. Wie unsere Vorfahren hat der Afrikaner – und auch der Afrikaner mit deutschen Ahnen! – die Fähigkeit des „Aushaltens“ noch nicht verloren. Will sagen: Es ist Winter, es ist kalt – man friert. Und das bedeutet genau das: Man friert eben, fertig. Man macht kein Thema daraus, sondern tut, was man zu tun hat und wickelt sich gegebenenfalls einen Schal um den Hals. Und abends macht man ein Feuerchen vor der Hütte – wenn noch Feuerholz da ist.

Aber auch für die abgehärteten Afrikaner ist die Kälte nicht ohne Risiken. Die Anzahl der Erkältungskrankheiten und Bronchialinfekte nimmt in den Wintermonaten rapide zu. Wohin auch immer man kommt in dieser Zeit – es wird geröchelt, gehustet, geschnieft, was das Zeug hält. Erkältungsviren lieben die durch kaltes Wetter geschwächten Immunsysteme in den Townships, wie ich bei meinem ersten Besuch eines Kindergartens in Katutura erleben musste. Es war August, es war kalt – nicht furchtbar kalt, aber im Schatten unter zehn Grad – und mindestens zwei Drittel der Kinder hatten eine Schniefnase. Wie kann es auch anders sein, dachte ich voller Mitgefühl. Wie kalt das wohl bei denen zu Hause in der Wellblechhütte sein muss, wenn ich schon in unserem Steinhaus friere? Kein Wunder, dass der Virus hier ein Fest feiert.

Am nächsten Tag hatte ich ihn auch und durfte feststellen, dass so ein richtiger Katutura-Erkältungsvirus offenbar ebenfalls durch die Lebensumstände im Township abgehärtet wird, denn der wusste sich durchzusetzen. Ich war so krank wie selten. Volle 14 Tage röcheln, schniefen, husten. Nichts half.

Meine größte Herausforderung in den Kältemonaten aber ist der *Namibian Women Summit*, der jedes Jahr im August, also im tiefsten Winter, stattfindet. Jedes Mal ist eine meiner wichtigsten Fragen: Was ziehe ich an, das warm ist und dennoch chic? Der Summit findet zwar in einem Hotel statt, aber auch das ist ein afrikanisches Hotel, also für abgehärtete Menschen gedacht; mit anderen Worten: Normalerweise ist es bitterkalt. Fleece ist natürlich out, also versuche ich, ein schönes Kleid zu finden, unter dem ich unsichtbar die Skiunterwäsche anziehen kann, und wickele mich zusätzlich in einen bunten Pashminaschal. Seit ich entdeckt habe, dass es Thermostrumpfhosen gibt, sind wenigstens die Beine und Füße einigermaßen warm. Aber als ich neulich von meiner Tante in Hamburg hörte, dass sie sich mit Fell gefütterte Ballerinas gekauft habe, war ich schon ein bisschen neidisch und beschloss, mir beim nächsten Deutschlandbesuch ebenfalls welche anzuschaffen. Was nur endgültig beweist, dass ich richtigen Namibierinnen nicht das Wasser reichen kann. Anne Thandeka, die Präsidentin des Namibian Women Summit, präsentiert sich jeden Tag in wunderschönen, eleganten afrikanischen Roben, und ich würde zumindest einen Teil meiner Ersparnisse darauf verwetten, dass sie darunter keine wollene Unterwäsche trägt. Ihre Füße stecken in eleganten Pumps – ohne Strümpfe. Von wegen Thermohosen und Fellfutter. Afrikanerinnen sind einfach härter im Nehmen.

Kannst du das buchstabieren, bitte?

Warum es ein Kreuz ist mit den Straßennamen. Und auch, warum sie so viel mehr anzeigen, als nur den Ort, wo jemand wohnt.

Besuche ich in Windhoek jemanden zum ersten Mal und frage nach seiner Adresse, sagt der in der Regel nicht den Straßennamen, sondern setzt zu detaillierten Erklärungen an, etwa wie: „Du kennst doch *Woermann & Brock* in Olympia. Da fährst du links ab, bis du zu dem Trainingsgelände vom Sportclub kommst, dann die zweite rechts, die ganz durch bis zu diesem riesigen Kameldornbaum vor dem roten Tor. Gegenüber in die Straße einbiegen und dann ist es gleich links, Hausnummer 5."

Was für ein Umstand! Warum gibt er mir nicht einfach die Adresse und ich gebe sie in mein Navi ein? Nun, zum einen sind Navigationssysteme in Namibia nicht so verbreitet wie man es aus Deutschland kennt. Sie sind viel teurer, denn der gesamte Aufwand für die Programmierung muss bekanntlich von den Kunden bezahlt werden – in Deutschland sind das rund 60 Millionen Autofahrer, in Namibia vielleicht 500.000, und das nur, wenn man die Tourbusse und Mietwagen mitrechnet. Da kommen natürlich erhebliche Stückkosten auf den einzelnen zu und so muss man für die Navi-Software pro Auto gut und gerne mehrere hundert Euro ausgeben – umgerechnet.

Doch auch wenn ich ein Navi hätte, würde ich mir den Straßennamen vermutlich nicht oft geben lassen. Falls mein Bekannter zum Beispiel in der Jason Whanahepu Ndadi Street wohnt oder der Joseph Muwayu Ithana Street oder der Mandume Ndemufayo Avenue, bräuchte ich mit Sicherheit mehrere Anläufe, bis ich das richtig notiert, und dann noch mal so lange, bis ich es korrekt in das Navi eingegeben hätte – das ich, wie gesagt, aus den erwähnten Gründen gar nicht besitze.

Neulich beim Braai haben wir uns auch darüber unterhalten, und Maria meinte, früher – und das heißt: noch vor ein paar Jahren – da wäre das einfacher gewesen, da hießen die meisten Straßen noch treudeutsch Kaiserstraße oder Kruppstraße, aber nun nicht mehr. Jedes Jahr würden die einfachen, deutschen Straßennamen ersetzt durch die oben aufgeführten Wortwürmer. Ich hatte den Eindruck, sie war ungehalten darüber, dass die Regierung ihr das Leben nun so schwermacht. „Willkür", hörte ich sie brummeln, glaube ich.

Dabei ist es doch nachvollziehbar, dass man in einer ehemaligen Kolonie die Straßennamen durch einheimische Namen ersetzt. Immerhin ist Namibia ein unabhängiger afrikanischer Staat und keine deutsche Kolonie mehr. Und ein junges Land möchte sich eine eigene Identität geben und sich von der Schmach der fremdbestimmten Zeit distanzieren. Wir haben uns in Deutschland schließlich auch von der Wilhelminischen Ära verabschiedet. Es ist nur zeitgemäß, dass diese Umbenennung vollzogen wird, finde ich.

Tatsächlich könnte man sagen, dass die Windhoeker Politiker noch moderat vorgegangen sind: Zwar sind einige altvertraute Straßennamen verschwunden, aber die Stadtplaner haben auch vieles beim Alten belassen. Noch begegnen uns die Vertreter deutscher Wissenschaft und Kultur, fahren wir durch Straßen, die nach Beethoven, Bach, Brahms, Haydn, Schubert und natürlich Mozart benannt sind. Sogar Strauß und Wagner sind vertreten. Die zentrale Achse der Innenstadt und damit ihre „Flaniermeile", wenn denn Windhoek so etwas überhaupt hat, wurde zwar von der Kaiserstraße in Independence Avenue umgetauft – aber nur wenige Blocks entfernt ist die Bismarck Street von dem Besen der verbalen Säuberungsaktion bisher verschont geblieben. Es gibt den Promenadenweg, die Goethe- und die Lutherstraße. Schlichte deutsche Begriffe, die an den deutschen Einfluss erinnern, und die weit präsenter sind als die Namen von Feldherren aus der Kolonialzeit. Auch die meisten Straßennamen zu Ehren deutscher „Pioniere" hat man nicht durch afrikanische Namen ersetzt. Ob von Eckenbrecher, Kiekebusch oder Woermann, die alteingesessenen deutschstämmigen Familien findet man nach wie vor in den Stadtteilen Klein Windhoek und Pionierspark verewigt. Liest man manche im Netz veröffentlichte Leserbriefe zu diesem Thema, hat man den Eindruck, die Bürger müssten unter einer großen Umbennungsaktion leiden. Doch das stimmt nicht. Klar, dass die Betroffenen aufschreien. Wer will schon Briefpapier und Visitenkarten ändern und anschließend einen ellenlangen unaussprechlichen Straßennamen haben, den die Verwandten in Europa nicht schreiben können? Mindestens ebenso klar ist aber auch, dass das nichts ist, was eine Regierung interessiert, die auch diejenigen vertritt, die keine Visitenkarten oder gedruckten Briefpapiere besitzen. Oder die das zumindest auf ihre Fahnen geschrieben hat.

Bei der bisher erfolgten Umbenennung haben die Sieger von 1989 mit ihren Unterstützern und Vorbildern ihren Fußabdruck besonders deutlich hinterlassen. Sie stellten die großen Führer im Freiheitskampf, und so ist es nur folgerichtig, dass wir vom Flughafen kommend auf dem Sam Nujoma Drive in die Stadt fahren und diese auf ihm von Ost nach West durchqueren können. Die Nelson Mandela Avenue, Ghandi- und sogar Hans Dietrich Genscher Street geben Zeugnis von dieser Dankbarkeit. Wobei man ehrlicherweise sagen muss, dass nur der Sam Nujoma Drive und die Nelson Mandela Avenue einigermaßen groß sind. Ghandi und Genscher mussten sich mit kleineren Sträßchen begnügen. Mehr von Bedeutung als der Vater des gewaltlosen Widerstands und der unermüdliche Vermittler für ein unabhängiges Namibia sind ganz offenbar andere: Robert Mugabe, der Name des Mannes, der Simbabwe vom Paradies in ein Armenhaus verwandelte, ziert eine der wichtigsten Nord-Süd-Verbindungen der Stadt. Aber er ist nicht allein: Die ehemalige Peter-Müller-Straße, benannt nach einem früheren Bürgermeister Windhoeks, wurde

Fidel Castro gewidmet, auch er ein Diktator – und treuer Unterstützer der SAWPO, der *South West Africa Peoples Organisation,* im Befreiungskampf, eine weitere Laurent Désiré Kabila, dem autokratischen und gewaltsamen Herrscher des Kongo. Kwame Nkrumah, der erste Präsident Ghanas, der ersten unabhängigen Kolonie des Kontinents, und Kenneth David Kaunda, erster Präsident Sambias und Vorreiter der südafrikanischen Befreiungsbewegung, hatten natürlich ebenfalls ein Anrecht auf prominente Vertretung im Windhoeker Straßenbild. Für sie mussten die Geversstraße und die Uhlandstraße ihre Namen hergeben.

Nun, da die Zeit des Befreiungskampfes vorbei ist, werden andere zu Helden, und so erhalten in diesen Tagen und Jahren immer wieder prominente Verwalter der Unabhängigkeit den Lohn für ihre Taten, wie der ehemalige langjährige Vorsitzende der Public Service Commission, Joseph Mukwayu Ithana, dessen Name jetzt die vormalige Gloudina Street im Luxus-Stadtteil Ludwigsdorf ziert.

"When it renames streets in the city from time to time, the City Council aims to pay homage to national and international leaders that contributed to the struggle for a democratic and non-racial society that the majority of the city's inhabitants are proud of. The City Council when renaming a street considers the contributions made by individuals in shaping and creating a society that enables all its citizens to live a better life. In the opinion of the City Council the late Joseph Ithana fits that category", begründet der CEO der Windhoeker Stadtverwaltung im *Namibian* die Entscheidung. Dort lese ich auch, dass Ithanas

Gattin, die jetzige Justizministerin, ihren verstorbenen Ehemann für diese Ehrung vorgeschlagen hat. Ein Schelm, wer Böses dabei denkt - und sich nicht wünscht, die Vorschläge wären aus der Bevölkerung gekommen.

Die Umbenennungen finden immer eine rege Diskussionsplattform in den Medien: Leserbriefe, auch sehr aufgeregte, in den Tageszeitungen, Widersprüche vor Gericht, in einigen Fällen lange Gerichtsverfahren. Vertraute man dem Bild, das die Medien abgeben, würde man den Eindruck gewinnen, dass hier mit dem großen Rechen alles neu geordnet werden soll.

Dabei hält sich das Ganze doch sehr im Rahmen: Beim Blick auf die Liste der rund 350 Windhoeker Straßennamen zeigt sich, dass der überwiegende Teil noch immer alltägliche deutsche, englische und afrikaanse Begriffe sind, wie Berg oder Tal Street, Church Street oder Akwamaryn Street oder namibische Landschaftsnamen wie Ameib oder Spitzkoppe Street. Und das, obwohl es doch vermutlich Übersetzungen von Berg, Tal, Church auf Oshivambo gibt? Oder Otjiherero? Oder Koeghoeghoewab?

Erst als ich diese kleine Geschichte vorbereitete, fiel mir auf: Das afrikanische oder namibische Gesicht, das Windhoek durch diese Umbenennung bekommen soll, ist eindeutig ein Ovambo- bzw. Herero-Gesicht. Henrik Witbooi, der Nama-Befreiungskämpfer der ersten Stunde, hat zwar ebenfalls eine Straße erhalten so wie auch Jan Jonker, der Orlam-Gründervater. Doch Persönlichkeiten aus neuerer Zeit, die einer der kleineren namibischen Ethnien angehören, sind auffallend abwesend. Man könnte jetzt sagen: Das ist auch richtig so, denn zum einen soll die ethnische Zugehörigkeit in Namibia nicht mehr die Rolle spielen, die ihr zur Zeit der Apartheid so übertrieben und demütigend zugewiesen wurde. Und zum anderen spiegelt die Dominanz der Ovambo und Herero ganz klar die gesellschaftliche Realität wider, in der – angefangen bei der regierenden SWAPO, die ihre Mitglieder und Führungskräfte fast ausschließlich unter den Ovambo rekrutiert – diese beiden Volksgruppen ebenfalls die kleineren namibischen Ethnien wie Damara, Nama, San, Tswana, Kavango und Caprivianer vollkommen überschatten, wenn nicht verdrängen. Und: Ja, der Präsident Hage Geingob ist Damara und nicht Ovambo. Aber die Tatsache, dass dieser Fakt 2014/15 einen großen Teil der Berichterstattung über seine Wahl ausmachte, zeigt doch, wie ungewöhnlich, um nicht zu sagen einzigartig, dieser Vorgang ist. Ich bin versucht, das mit dem Aufstieg einer Angela Merkel zu vergleichen, die auch sehr lange vor allem Kohls „ostdeutsches Mädel" war, und die noch heute bei Diskussionen über die – nicht ethnische, aber regionale – Zusammensetzung der Regierung für die Ostquote herhalten muss.

Dass herrschende Eliten dazu neigen, andere zu verdrängen, ist wahrlich kein afrikanisches Problem. Und so wie wir in Deutschland gerne den besten Minister für ein bestimmtes Ressort hätten und nicht einen bzw. eine, die lediglich die Quote erfüllt, soll auch Namibia von den besten Politikern geführt werden. Dass die zum Großteil aus den zwei großen Völkern stammen, ist nachvollziehbar, vielleicht sogar logisch, aber hier geht es um etwas anderes: Windhoek zeigt mit seinen neuen Namen sein neues, befreites afrikanisches Gesicht. Dazu gehören die alten und neuen Helden und ihre Freunde, dazu gehören auch englische, deutsche und afrikaanse Namen, denn auch die sind ja namibische „Tribes“, wie Hage Geingob im Juli 2014 in einer Rede sagte. Nur dazu gehören ganz sicher auch die Menschen und Kulturen der Nama, Damara, San etc. Und gehören dann nicht auch Straßennamen in ihren Sprachen dazu? Gerne bedeutende Persönlichkeiten, aber warum nicht auch eine Straße der Sonne, des Wildes, der Natur oder ähnliches in Nama? Würde das denn nicht die Bedeutung dieser Ethnien für die Zukunft des Landes signalisieren?

Ich sehe schon die entsetzten Gesichter meiner namibischen Freunde, wenn ich ihnen beim nächsten Mal, sobald das Thema Straßennamen aufkommt, den Vorschlag unterbreite. Nama- oder Damara-Namen? Die keiner schreiben kann? Die diese merkwürdigen diakritischen Zeichen haben, die auf keiner Tastatur zu finden und die in kein Navigationssystem einzugeben sind? Wie soll das gehen?

Einen Vorgeschmack davon haben wir bekommen, als die Stadt Lüderitz in !Nami≠Nüs umbenannt wurde, ein Nama-Wort, das tatsächlich nicht so ausgesprochen wird, wie es hier aussieht, und das auch für 96 Prozent der einheimischen Namibier – alle, die nicht einen Nama- oder Damara-Hintergrund haben, unaussprechlich ist. Verständlich, dass der Lüderitz getilgt werden sollte, der Super-Kolonialist, der sich den Diamantenreichtum des Südens heimtückisch durch gefälschte Verträge erschwindelt haben soll. Nur, muss es denn ein Name sein, der Namibias südliche Metropole für immer unaussprechlich macht? Das fragten sich viele Namibier. Und diese „Zungenbrecher" sollen jetzt auch noch „überall" im Windhoeker Stadtbild Einzug halten?

Ich war zunächst auch dieser Meinung. Förderte doch eine kurze Internetrecherche zum Thema Lüderitz-Umbenennung nicht weniger als fünf verschiedene Schreibungen des neuen Namens zutage. Selbst die SPIEGEL-ONLINE-Redaktion schaffte es, in einem Artikel zwei verschiedene Schreibweisen zu verwenden. Es ist aber auch schwer, wenn man so gar keinen Schlüssel zu diesen Namen hat! Wo gibt es das schon?

Halt! Gab es nicht schon in anderen Ländern Schreibungen, die wir nicht aussprechen konnten? Beijing hieß lange im deutschen Sprachgebrauch Peking – obwohl das nur eine falsche Aussprache des im 19. Jahrhundert eingeführten Umschriftsystems des Briten Wade-Giles war. Natürlich hieß Beijing immer Beijing, nie Peking, auch damals nicht. Und doch wussten wir immer, wo es liegt, konnten darüber sprechen – und hätten es in ein intelligent programmiertes Navigationssystem eingeben können. Wir sind ja auch in der Lage, die unzähligen Verballhornungen zu verstehen, die der Name von Xi Jinping, dem chinesischen Premier, über die Jahre in den verschiedenen Nachrichtenmedien erfahren hat. (Mir wird stets ein Rätsel bleiben, warum die Ausspracheregeln fürs Chinesische bei deutschen Nachrichtensprechern nicht zum Pflichtprogramm gehören ...). Auch Paris sprechen wir in den Ohren der Franzosen falsch aus, ebenso wie Mailand und Lissabon eigentlich Milano und Lisboa heißen. Und doch wissen wir alle, worüber gesprochen wird und wo diese Orte zu finden sind. Was würde also dagegensprechen, wenn wir ein Aussprachesystem für namibische Namen mit diakritischen Zeichen hätten, das für alle Klick-und-Schnalz-ungeübten Europäer (und Afrikaner) funktioniert? Auch wenn die Bezeichnungen dann für die Nama und Damara selbst unverständlich blieben, wären diese Ethnien doch mit ihrer Eigenart und ihrer Sprache respektiert und repräsentiert. Wir könnten diese Namen in Zukunft zum Beispiel so aussprechen, als gäbe es keine diakritischen Zeichen. Wir können sie ohnehin nicht schnalzen und klicken, das schaffen wir einfach nicht, also sagen wir – und vielleicht die ganze Welt mit uns – in Zukunft „Naminüs" oder „Naminus" zu !Nami=Nüs oder !Nami≠nüs oder !Nami≠Nüs (was auch immer die korrekte Schreibweise ist), vormals Lüderitz – es wäre falsch, aber das ist in der Regel auch die Aussprache von Xi Jinping. Und diese Transkription ohne fremdartige Zeichen könnte mit Sicherheit auch jeder Navi und Computer der Welt verstehen.

Jetzt könnte noch jemand mit dem schwerwiegenden Einwand kommen, eine falsche Aussprache führe in der Nama-Sprache zu ganz anderen Bedeutungen, die sogar peinlich oder beleidigend sein können. In der Badischen Zeitung (!) las ich:

„Nama-Muttersprachler weisen noch auf ein weiteres Problem hin. Auf korrekt ausgesprochene Weise bedeutet !Nami‡Nûs so viel wie „vom Wasser umarmt". Doch wenn das ‡Nûs auch nur ein wenig falsch aus dem Rachen über die Lippen rutscht, kommt es offenbar einem äußerst ordinären Schimpfwort für das primäre weibliche Geschlechtsteil gleich."

Dazu kann ich nur sagen: Dann hoffe ich erstens, dass wir alle es so falsch aussprechen, dass auch diese Assoziation sich von selbst erübrigt – die Chancen stehen gut. Und zweitens: Genau das gleiche Phänomen gibt es in der chinesischen Sprache – schon eine kleine Abweichung in der Betonung verändert den Wortsinn total, ebenfalls ins Negative oder Lächerliche – und bei dieser Supermacht haben wir uns in den letzten Jahrzehnten auch nicht darum geschert. Auf jeden Fall sind wir nicht auf die Idee gekommen, Beijing doch sicherheitshalber weiter „Nördliche Hauptstadt" zu nennen.

Yes-Ja

Warum es bei allem Gerede über Vergangenheitsbewältigung auch gut ist, nach vorne zu schauen, und was Kwaito damit zu tun hat.

Eine Schule irgendwo in Namibia. Zwei Mädchen stellen die Uhr im Klassenzimmer eine Viertelstunde vor, sodass die Unterrichtsstunde früher vorbei ist. Die erboste Lehrerin will wissen, wer für den Streich verantwortlich ist. Es melden sich die beiden Freundinnen, und sie sitzen kurz darauf vor dem Rektor, der ihnen eine Standpauke hält. Doch da klopft es an der Tür und draußen steht die ganze Klasse. Sie alle seien es gewesen. Dreißig schwarze und weiße Teenagergesichter schauen den Rektor an. Sie halten zusammen – alle.

Szenenwechsel: In der atemberaubenden Felslandschaft der Spitzkoppe gehen zwei Männer nebeneinanderher, ein muskulöser Schwarzer in Armeeuniform und ein schlaksiger junger Weißer – mit Shorts und Turnschuhen, Baseballkappe, Hornbrille. Sie laufen eine Sandpad hinunter und sie singen. Davon, dass die alte Zeit vorbei ist, dass sie es leid sind, mit immer den gleichen Vorurteilen zu leben. „Why you bother us, with a lot of stuff from the past? Can't you see we're young and moving on? It's you that don't belong." Auf Deutsch etwa: Warum belastet ihr uns mit all dem Quatsch aus der Vergangenheit. Könnt ihr nicht sehen, dass wir Jungen weitergehen? Ihr seid es, die nicht mehr dazugehören!

Der große Schwarze in Uniform gehört zur Ongoro Nomundu, einer Musik-Gruppe, deren Mitglieder zum Großteil Hereros sind, und der junge weiße Schlaks ist Eric Sell, Künstlername EES – Kwaito-Musiker und Namibier aus Leidenschaft. Es ist eine Szene aus dem Youtube-Video *Never Over*. Das ist mein Lieblingsvideo von ihm – und er hat viele veröffentlicht.

EES – die Abkürzung steht für *Easy Eric Sell* – ist ein Phänomen. Der Fünfunddreißigjährige ist ein veritabler Hansdampf in allen Gassen, zumindest denkt man das, wenn man ihm zuhört, wenn er enthusiastisch von seinen unzähligen Plänen erzählt. Vor allem aber ist er eines: der umtriebigste inoffizielle Botschafter Namibias. „Ich bin Namibianer, fünfte Generation hier geboren, und ich bin stolz darauf", sagt er, wenn man ihn fragt, warum er all das tut, was er tut. „Und ich will, dass sie alle hinhören und begreifen, dass das hier eine neue Zeit ist, dass wir selbst anpacken müssen, um dieses wunderbare Land voranzubringen. Denn wenn wir das gemeinsam tun, dann schaffen wir das auch! Let's do it!"

Okay, das ist die von mir übersetzte Version. So klingt das natürlich nicht, wenn EES spricht, denn er spricht *Nam Släng*, der sich vom sogenannten Namdeutsch, der mittlerweile als Dialekt anerkannten Mundart der Namibier, dadurch unterscheidet, dass er ein fröhliches Kauderwelsch aus Namdeutsch, Englisch, Afrikaans und allen möglichen Lehnwörtern aus afrikanischen Sprachen ist. Und so klingt sein Original-Statement eher wie: „Ich bin Namibianer, und ich bin kwaai häppie, dass wir dieses mooie Land haben, und wenn wir somma alle zusamm opperäiten, dass das Land lekka progress macht, dann ist das moss gut für uns ..."

Verstanden?!

Mit dem Bekenntnis zur eigenen Sprache hatte alles angefangen. 2009 verfasste EES *Esisallesoreidt, Nam Släng – Deutsch, Deutsch – Nam Släng*, das Lexikon der neuen namibischen Jugend- und Kultsprache, druckte es im Design eines Langenscheidt-Sprachführers und verkaufte es in Windhoeks Souvenirshops. Mit einem leicht verschämten Grinsen erzählt er heute von dem „Riesennaai" – was ich lieber nicht übersetzen möchte, oder nur zahmer als „Riesenärger" –, den es dann mit dem Verlag Langenscheidt gab. Dass die aber auch so engstirnig sind mit ihrem Design, ihrem Logo und überhaupt! Aber mein Gott, er war jung und hat das damals nicht so richtig verstanden. Heute allerdings schon. Denn heute ist EES eine eigene Marke.

Er bringt immer wieder Merchandising Produkte mit Namibia-Design heraus: Turnschuhe z. B. und Baseballkappen mit der Nambiaflagge, hat einen eigenen Softdrink, den WUMA, erfunden und auf den Markt gebracht, ein Grillgewürz und, und, und ... Das alles wird vermarktet über seine Youtube-Plattform und über seinen Webshop.

Angesichts dieser ganzen Aktivitäten ist es vielleicht verständlich, dass ich eines Tages beim Sonntagsbraai seine Mutter Ami frage: „Was ist Eric eigentlich?“, und promt zur Antwort bekomme: „Na, Musiker natürlich! Was hast du denn gedacht? Er hat immer Musik gemacht, wollte nie was anderes. Hat Tontechnik studiert in Südafrika, ist danach zurück nach Windhoek und dann nach Deutschland.“ Täusche ich mich oder schaut die liebe Ami mich plötzlich pikiert an? Gar missbilligend?

„Ich meine ja nur“, versuche ich zurückzurudern. „Eric ist so aktiv in so vielen Bereichen und mit dem Shop und ...“

„Ich sage dir! Und jetzt der *Nam Flava Spice*. Der ist kwaai erfolgreich. Die bei *Woermann* verkaufen den so schnell, ich komm gar nicht hinterher mit den Lieferungen“, fällt sie mir ins Wort, ganz stolze Mutter, Managerin und größter Fan.

„Siehst du, und da dachte ich, weil er so geschäftstüchtig ist, hat er vielleicht Wirtschaft studiert und erst danach zur Musik gefunden. Ist ja bei einigen so.“

„Nee, Eric war immer Musiker, schon als Kind, das ist sein Ding. Aber ich verstehe, dass du so denkst. Er hat eben auch Talent zum Verkaufen. Hat er vielleicht von mir. Oder von seinem Vater. Oder von uns beiden“. Sie lacht. Ich auch. Erleichtert. Ich kann aber auch Fragen stellen! Was einer „ist“ – das ist ja sowieso eine unglaublich deutsche und ziemlich dumme Frage. Als hätten wir nicht mittlerweile gelernt, dass man jemanden nicht in erster Linie über seinen Beruf definieren kann. Aber mir passiert es offenbar immer noch. Manche kulturellen Eigenschaften sitzen tief. Oder wie es mein Freund Matthias sagen würde: „Du kannst den Deutschen aus Deutschland rausholen. Aber nicht das Deutsche aus ihm." Hmm. Und wieder einmal merke ich, wie falsch unser Bild von Namibiern oft ist. Sie sind uns in vielem voraus. Zum Beispiel darin, wie sie die Beweglichkeit und Flexibilität angenommen haben, die ja allen Kolonialvölkern eigen ist, gerade in Berufsfragen. Hier definiert keiner den anderen über das, was er beruflich macht. Hier sitzen Mechaniker, Akademiker und Farmer an einem Tisch – als Menschen, als Freunde. Da landet man mit seinen hergebrachten Fragen schnell mitten im Fettnäpfchen. In diesem Fall aber wurde mir offenbar vergeben. Zum Glück. Und es ist ja auch ganz klar: Eric ist Musiker. Erstens, zweitens, drittens – und überhaupt.

EES singt Kwaito, den Rap oder Hip-Hop ähnlichen Stil der Schwarzen in den Townships Südafrikas – meistens auf Englisch, aber ab und zu auch auf Deutsch, Namdeutsch natürlich. Ein weißer Kwaito-Rapper in einem Land, in dem die meisten Deutschstämmigen noch immer einen eher traditionellen Musikgeschmack haben, wenn man es einmal vorsichtig ausdrücken will. „Ich mag ja seine Musik nicht so gerne", sagt sein Onkel vorsichtig. „Außer das Vuvuzela-Lied. Das war nicht schlecht." Vuvuzela? Diese Tröten, die bei der Fußball-WM in Südafrika die internationalen Fans im Stadion zum Wahnsinn trieben? Hat er etwa Hip-Hop mit Vuvuzelas gemacht? Großes Gelächter in der Runde. Nein, EES hat damals zur Fußball-WM in Südafrika auch einen Song für die offizielle Hymne komponiert und eingereicht. Shakira als Konkurrenz? Kein Problem. So ein

Lied könne ruhig aus der Region kommen, fand er. Wenn schon nicht aus Südafrika, dann wenigstens aus der ehemaligen südafrikanischen „Kolonie" Namibia. Wir wissen, dass Shakira das Rennen gemacht hat, doch abgeschreckt hat das EES nicht. Als der frisch gewählte US-Präsident Donald Trump mit seinem „America First"-Slogan die Kreativen der ganzen Welt anstachelte, dieses Motto durch den Kakao zu ziehen, entschieden sich die meisten Länder für eine satirische „America First – my land second"-Kampagne. Aber nicht EES. Er verbreitete Namibias Antwort auf Trumps Führungsanspruch unter dem Motto „America first – Namibia first (not second)!" Untermalt von der salbadernden Stimme des US-Präsidenten, nutzte EES die Gelegenheit, der Welt wieder einmal zu zeigen, wie wunderschön sein Heimatland ist, und nötigte damit selbst der altehrwürdigen New York Times Respekt ab: „Namibia fearlessly competes for first place by plugging its sunsets, homemade beer and a canyon big enough to blow the Grand Canyon away". (Locker übersetzt: „Namibia bewirbt sich furchtlos um den ersten Platz mit seinen Sonnenuntergängen, seinem selbst gebrauten Bier und einem Canyon, der groß genug ist, dem Grand Canyon den Rang abzulaufen.")

Ein Jahr später gab's die Fortsetzung, wieder angeregt durch den obersten Sprücheklopfer der USA und seine „Shithole"-Tirade, in der er sich gegen Einwanderung unter anderem aus afrikanischen Ländern aussprach. „Why do we want all these people from shithole countries coming here?" Inmitten des internationalen Aufschreis über diese politische Taktlosigkeit beanspruchte ein neues EES-

Video sofort, dass das schönste Shithole der Welt doch mit Sicherheit Namibia sei. Immerhin habe es riesige Löcher, nicht nur Wasserlöcher, nein, auch Kometenkrater, und so großen Shit – von Elefanten nämlich – wie wohl kein anderes Land.

Wenn ich diese Clips sehe, frage ich mich jedes Mal schmunzelnd, ob das *Namibia Tourism Board* nicht Eric Sell als verantwortlichen PR-Mann einstellen sollte. Dann müsste der nicht seinen Lebensunterhalt in Deutschland verdienen, als Musiker und mit dem Verkauf von Namibia-Devotionalien. Denn der leidenschaftliche Vorzeige-Namibier wohnt gar nicht mehr dauerhaft in seinem Geburtsland, sondern pendelt so oft er kann und so oft der Job es zulässt. Die Brötchen werden in Köln gebacken, denn auch ihn hat das Schicksal vieler junger Namibier ereilt. Es gibt nur wenige qualifizierte Jobs im Land – und die muss man erst mal finden.

Doch EES macht das Beste daraus und nutzt den Medienstandort Köln immer wieder für sein Herzensprojekt, die Namibia-PR. Wo auch immer ferne Länder als Location für die allgegenwärtigen Doku-Soaps gesucht werden, lenkt er den Blick unerbittlich auf sein Heimatland im südlichen Afrika: Sonne, Wüsten, exotische Tierwelt – und jede Menge exotische Menschen. Ideal, um noch dem abgegriffensten Format einen außergewöhlichen Kick zu geben. Und so versammelte der VOX-Dauerbrenner „Das perfekte Dinner“ in einem Namibia-Special eine bunt gemischte Gruppe der namibischen Bevölkerung für eine Woche am Herd – der deutschsprachigen Bevölkerung, versteht sich, damit der deutsche Fernsehzuschauer sie auch verstehen konnte. EES hatte eine lustige Truppe zusammengestellt, die die verschiedenen Facetten der deutschstämmigen Bevölkerung in Namibia zeigen sollte: Einen Kalahari-Farmer, der sich im Kampf gegen die Einsamkeit eine Frau per Internet aus Deutschland „ergattert“ hatte und nun schon seit vielen Jahren seine Farm mit ihr führt. Eine junge Deutsche mit südafrikanischen Wurzeln, die nach beruflichen Wanderjahren wieder nach Windhoek zurückgekehrt war. Außerdem eine hübsche Farmerstochter aus der Mitte des Landes, die sich vielleicht von der Teilnahme an der Sendung ein paar vielversprechende Kontakte erhoffte, denn etwas verschämt gab sie zu, noch keinen Freund zu haben – man könne hier ja so schlecht neue Leute kennenlernen. Dazu eine ausgewanderte Deutsche, die schon mehr als zehn Jahre in Windhoek lebt, und, last not least, EES selbst. Man ahnt es schon: Da das Sendeformat den Zuschauer zu den Hobbyköchen nach Hause bringt, konnten wir das Abendrot in der Kalahari bestaunen, beim Sundowner über Windhoeks Dächer hinweg auf das Khomas Hochland schauen und erleben, wie in der Wüste Lammbraten im Erdofen gegart wird. Den Schluss- und Höhepunkt setzte EES mit einem „Buschmann-Fondue“ in einer kleinen Lodge in den Khomas-Bergen. Die Zubereitung der fleischlastigen kulinarischen Genüsse, gespickt mit einer liebenswerten Mischung aus Anekdoten und Erzählungen in allen Varianten des namibischen Deutsch, brachten auch Zuschauern, die sich bisher noch nicht für Namibia interessiert hatten, die Schönheit und Liebenswürdigkeit des Landes und seiner Menschen nahe. Kaum ein deutscher Fernsehzuschauer konnte da im tristen November vor der Mattscheibe hocken, ohne sich sehnsüchtig zu wünschen, auch unter diesem unendlich weiten Himmel am Lagerfeuer zu sitzen.

Gondwana, ein Reiseunternehmen, das sich schon lange durch besondere Konzepte auszeichnet, hat früh erkannt, dass EES Patriotismus und seine schrägen Werbekonzepte dem Image eines Landes nützen, das von zu vielen immer noch in erster Linie als ehemalige deutsche Kolonie wahrgenommen wird. Und so unterstützen *Gondwana* und auch das *Namibia Tourism Board* die Film- und PR-Projekte des jungen Musikers seit Jahren.

Das ist ein Selbstgänger für sie, denn die Verantwortlichen können sicher sein, dass EES immer wieder neue ausgefallene Ideen produziert, denen vor allem eines gemeinsam ist: Sie zeigen Namibia in seinem schönsten Licht – und von außergewöhnlichen Seiten. Wie zum Beispiel die *Bulli Rescue Mission*: Dabei geht es um den VW Bulli, das alte T-Modell. Ein Sammlerstück und ein Pioniergefährt, das vielen Farmern in den 50er Jahren des 20. Jahrhunderts bis weit in die 80er und 90er hinein als Transportvehikel diente. In einer Zeit also, in der noch niemand daran dachte, dass einmal Hausfrauen mit dem vierradgetriebenen SUV zum Kindergarten fahren würden. Eine Zeit, in der man mit dem zweiradgetriebenen Bulli ohne Bodenverstärkung und weiteren Schnickschnack locker über die namibischen Pisten bis auf die entlegensten Farmen fuhr. Vollgestopft bis obenhin mit Kind und Kegel und einem Einkauf aus Windhoek, der für Monate reichen musste.

Doch irgendwann kam der Toyota Landcruiser, und die Farmer erkannten, wie einfach das Leben sein konnte, wenn man einen Vierradantrieb unter dem Hintern hatte, und die großen Reifen und die hohe Bodenfreiheit den Wagen ohne Probleme über Bodenwellen und durch Schlaglöcher brachten. Der Bulli wurde aussortiert – und verschwand. Das heißt: Er verschwand aus dem Straßenbild, aber auf den Farmen blieb er oft stehen, in irgendeiner Ecke – Platz hat man ja genug – und vielleicht spielten die Kinder noch eine Weile in dem Autowrack, vielleicht suchten sich aber auch die Hühner dort ein zweites Zuhause. Viele dienten vermutlich noch eine Zeit lang als Ersatzteillager für die Autos der Nachbarn, bis auch die auf Geländewagen umstiegen. Danach verrotteten die Autos zu Skeletten, die langsam mit der Umgebung verschmolzen. Bis, ja, bis EES kam und die *Bulli Rescue Mission* ins Leben rief. Mit seinem Onkel Heinz, den alle nur „Fidel" nennen, einem begnadeten Automechaniker der alten Schule, fährt er nun über Land auf der Suche nach den alten Bulli-Karossen, die auf den abgelegenen Farmen ihr Dasein fristen. Man kennt sich ja in Namibia und weiß auch, was der EES nun wieder für ein Projekt mit sich rumträgt. Und so melden sich die Leute bei ihm und sagen: „Ach, guck mal beim Werner, der hat da noch so 'n alten Bulli rumstehen. Ist aber schon ganz schön hinüber". Ja, schrottreif sind die meisten. D. h. die erste Aufgabe für Onkel Fidel besteht darin, sie noch vor Ort so weit flott zu machen, dass man sie zumindest abschleppen kann. Denn mit einem Hänger kommt man oft gar nicht dahin, wo diese Schätze liegen. Und dann geht es ab nach Windhoek, auf den Hof zu Fidel, der sie dort nach und nach in liebevoller Kleinarbeit restauriert, während Eric die Ersatzeile in Deutschland aufspürt und nach Möglichkeit auch einen Käufer findet, oder soll man besser sagen: ein neues Zuhause? Denn nach mehr als einem Jahr Arbeit, in dem aus dem Schrottgerippe wieder ein Schmuckstück wird, ist der Bulli fast zum Familienmitglied geworden.

EES selbst fährt das erste dieser restaurierten Wunderwerke. Den himmelblauen, liebevoll-frech *Shaggon Waggon* genannten Bulli, einen *Original Westfalia Camper*, ein Bulli-Campingmobil mit anhebbarem Dach und Schlafplätzen. Dieser *Shaggon Waggon* ist das Produktionsmobil der meisten EES-Videos geworden und fast immer irgendwo im Film zu sehen – und er ist ein Markenzeichen für EES selbst.

Fidel hat mich neulich spontan auf eine Stadtrundfahrt mitgenommen in der blauen Kultkutsche. Wir wollten mal gucken, was sich in den letzten Jahren alles so im Stadtbild von Windhoek verändert hat. Und an fast jeder Straßenecke sprangen junge schwarze Männer auf die Fahrbahn, jubelnd und die Arme schwingend: „Hey EES! Wie geht's, Mann?" Fidel musste ihnen dann immer erklären, dass wir nur eine Spritztour in seinem Bulli machen, ja, dass er das darf, weil er sein Onkel ist, dass Eric in Deutschland ist, dass es ihm gut geht, und na klar, dass er bald wiederkommt und ...

EES ist ein Volksheld. Dieser dünne schlaksige Mann mit der Hornbrille hat es geschafft, das zu leben, was er singt: Die Vergangenheit hinter sich zu lassen, nur die Gemeinsamkeiten zu sehen und Arm in Arm nach vorne zu gehen. Oder, wie er es in meinem Lieblingslied so treffend formuliert: „Nicht immer nur labern. Just do it!" Ich höre das Lied am liebsten, wenn ich einen kleinen

Antrieb brauche. Guter Beat, gute Musik, gute Texte. Wie oft habe ich gedacht: Wenn es nach mir ginge, wäre EES auch für seine Musik berühmt und nicht nur wegen seines Namibia-Engagements, aber natürlich weiß ich, dass das Leben nicht fair ist und dass die Meinung einer Autorin, die über Namibia schreibt, in der Musikwelt kein besonderes Gewicht hat. Und so hatte ich mich damit abgefunden, weiterhin nur Guerilla-Marketing für meinen namibischen Lieblingskünstler zu machen und mich damit zu trösten, dass Namibia eben auf der großen Bühne keine Rolle spielt.

Aber dann kam der September 2018 und der X-Factor, eine der größten weltweiten Talentshows, wurde in Deutschland wieder aufgelegt. X-Factor Deutschland mit EES aus Namibia – wer hätte das gedacht? Schon dass seine Musik überhaupt durch die Vorauswahl gekommen war, fand ich erstaunlich. Vermutlich setzen diese Formate in den ersten Runden auf „Exotisches", um den Zuschauer erstmal an den Wettbewerb zu fesseln. Und so war es wohl auch. Die Produzenten hatten EES angesprochen, ob er nicht Lust hätte mitzumachen. Sie wollten Farbe auf der Bühne – oder wie EES sagen würde: „Nam Flava". Aber dann ging es weiter: Erste Liveshow – gewonnen, zweite Liveshow – wieder gewonnen. EES stand im Viertelfinale! Die Familie, alle Freunde aus Namibia standen Kopf. Nur auf Sky ausgestrahlt, war die Show in Namibia nicht zu sehen. Glücklicherweise gab es ein Kurzzeit-Abo beim Bezahlsender und ein paar begabte Teenager, die Computer und Fernseher verbinden und die Einschränkungen mit den Ländercodes überwinden konnten, sodass sich bald die Familien an X-Factor-Abenden versammelten, um mit gekreuzten Fingern und angehaltenem Atem zu verfolgen, ob die Juroren wohl wirklich diesem jungen Namibier und seiner Band ihre Stimme für die nächste Runde geben würden. Plötzlich standen EES und die Yes-Ja-Band im Halbfinale und jetzt konnte das Publikum abstimmen – allerdings nur in Deutschland. SMS aus Namibia oder irgendwo sonst im Ausland waren nicht möglich. Was tun? Namibia erinnerte sich an sein deutsches Erbe – oder besser an seine deutschen Verwandten, und die Fans schickten Nachrichten in das Land der Väter mit der Info, es gäbe da diese TV-Show – die ja auch in Deutschland kaum einer sehen konnte. Wer hat schon Sky? – und da sei EES im Halbfinale und ob sie nicht bitte, bitte eine SMS für ihn schicken könnten. Dann könne er es schaffen. Und sie schickten! EES kam ins Finale. Ein unglaublicher Erfolg. Am Abend der Entscheidung erneut die Nachricht an alle: Schickt bitte wieder SMS. Auch ich durchforstete noch einmal mein Adressbuch nach weiteren „Opfern".

Ich will es kurz machen. Wir alle, die wir EES lieben, die wir Namibia lieben, zusammen mit unseren Freunden und Bekannten haben es geschafft und ihn zum Sieg gevotet. Nein, natürlich hat EES es geschafft, mit seinen Liedern, die nicht nur mich, die auch die deutsche Jury und das deutsche Publikum bewegten. Sie alle wurden präsentiert, all die Texte, die ich seit Jahren vor mich hin summe: „Can you see that we are moving on!", „Nicht immer nur labern. Just do it!" und auch im Gewinnersong hat er sein Credo untergebracht: „It's hard to be a better man, but I try, try, try". Dieser Song selbst war mir fast ein bisschen zu soft, zu angepasst, weniger typisch für EES als meine Lieblinge – aber er ist ja ein schlauer Musiker und hat sich wahrscheinlich für einen Titel entschieden, bei dem alle Deutschen mitziehen können. Einsteiger-Kwaito sozusagen oder Nam Flava für Anfänger. Egal, mit diesem Sieg hat EES die Bühne bekommen, auf der er beweisen kann, was er als Musiker leistet, weil endlich viele hinhören! Ein kleiner Wermutstropfen ist, dass viele deutsche Medien – vom *Kölner Express* bis zum *Stern* – über die Show, ihren Gewinner und seine Musik berichteten, ohne Namibia überhaupt zu erwähnen. EES und seine Yes-Ja-Band waren „Kölner“ bzw. „Deutsche“ und seine Musik „südafrikanischer Kwaito“. Aber davon lässt sich einer wie Eric Sell nicht entmutigen. Er hat jetzt die Gelegenheit, vielen Menschen seine „Nam Schtorie“ zu erzählen und noch mehr Menschen zu erreichen mit seinen wundervollen Texten über ein Namibia „on the move“, das Rassendenken und Rassenschranken hinter sich gelassen hat. Und die wird er nutzen, da bin ich ganz sicher. EES wird daraus einen ganz besonderen X-Factor machen, einen X-Factor Namibian Style.

Vorsicht, der Präsident kommt

Wann es gefährlich sein kann, wenn man Wichtiges auf die letzte Minute verschiebt, und warum es manchmal unbemerkt schon fünf vor zwölf ist.

Ich bin ein pünktlicher Mensch. Das liegt vielleicht daran, dass meine Mutter es nicht war und ich gefühlt meine halbe Kindheit frierend vor irgendwelchen Schultoren, Ballettstudios oder Schwimmbädern stand und darauf wartete, dass sie mich abholt. Bei mir hat das zum Gegenteil geführt: Fast immer bin ich zu früh bei allen Terminen, ich kann nicht anders, es steckt in mir. Eine relativ nutzlose Tugend ist das, wenn man mit *African Time* lebt, die davon ausgeht, irgendwann in der Nähe des verabredeten Termins zu erscheinen, sei auch in Ordnung. Eine Einstellung, die die südafrikanischen Buren, die „Afrikaner", im Laufe ihrer Jahrhunderte in Afrika offenbar ebenfalls verinnerlicht haben, denn überrascht und amüsiert musste ich lernen, dass der afrikaanse Ausdruck „Ek kom nou-nou“ – was sich jeder Deutsche mit etwas gutem Willen als „Ich komme nun“ übersetzt – bedeutet, dass die Person zwar kommt, aber bestimmt nicht gleich, auch wenn „Ek kom nou-nou“ korrekt übersetzt „Ich komme jetzt gleich“ heißt. Sie oder er erscheint irgendwann in der nahen bis mittleren Zukunft. Nur eins ist sicher – nicht sofort. Es sei denn, ich bin gemeint, denn ich komme ja wie gesagt stets pünktlich bzw. zehn Minuten zu früh. Das ist ja auch wirklich kein Hexenwerk. Man fährt einfach rechtzeitig los, plant ein bisschen Zeit ein, wenn man in der Innenstadt ins Parkhaus muss (ja, auch in Windhoek kann parken ein Thema sein!) und erscheint pünktlich zum Termin in der Botschaft, beim Zahnarzt, mit der Freundin.

Doch neulich ging meine Rechnung nicht auf. Ich war zwar rechtzeitig losgefahren, doch schon nach wenigen Metern musste ich wieder stoppen. Die Auffahrt unserer Straße in Avis auf den Sam-Nujoma-Drive, der zum Flughafen führt, war gesperrt. Und nicht einfach mit einem Metallschild oder ähnlich profanem Gerät, sondern mithilfe eines Polizeiwagens, neben dem zwei Soldaten mit Maschinengewehren im Anschlag Stellung bezogen hatten. Gut, dass vor mir schon ein paar andere Autos hinter diesem mobilen Road Block standen, so hatte ich etwas Abstand zu den Waffen. Die ganze Sache war mir doch etwas unheimlich. Angelegte Maschinengewehre? Morgens um 9.00 Uhr im verschlafenen Avis?

Es war ein wolkenloser Wintermorgen, die Sonne schien. Eine lange Weile passierte nichts. Irgendwann fiel mir auf, dass auf dem Sam-Nujoma-Drive keine Autos fuhren. Die Hauptverkehrsader gen Osten und zum Flughafen lag völlig verlassen da. Ob sie wohl einen entflohenen Gewaltverbrecher suchten? Nur der kleine Zeitungsverkäufer, der an der Ecke von Avis Road und Sam Nujoma jeden Morgen die Zeitung verkauft, trotzte der bedrohlichen Stimmung und lief tapfer an der Wagenreihe vorbei, um seine Gazetten anzubieten. Leider war, als er zu mir kam, nur noch der afrikaanse *Republikein* übrig. Auch wenn ich mittlerweile ein paar Brocken Afrikaans aufgeschnappt habe – zum Zeitunglesen reicht es nicht.

Plötzlich dröhnendes Geräusch aus der Ferne. Motorenlärm. Hupen. Und dann kamen sie. Auf dem Sam-Nujoma-Drive fuhr Richtung Flughafen die Präsidentenlimousine vorbei. Wimpel, schwarze Scheiben, ein Begleitfahrzeug, sechs Motorräder vorne, sechs dahinter. Jedenfalls hoffe ich, dass es die Präsidentenlimousine war. Nicht auszudenken, wenn jeder Minister diesen Aufstand machen dürfte, um sicher zum Flughafen zu gelangen. Aber glücklicherweise ist das nicht der Fall. „Einfache" Minister haben nur Anspruch auf Geleitschutz, wenn sie ein Staatsoberhaupt begleiten, das Namibia besucht. Sie können aber auf einer VIP-Lane an den Road Blocks vorbeifahren, an denen ansonsten alle kontrolliert werden, die nach Windhoek hineinfahren oder die Stadt verlassen. Doch in diesem Fall ging es um die „Königsklasse": Der Präsident flog zum Staatsbesuch nach Sambia. – Das erfuhr ich später aus der *Allgemeinen Zeitung*.

Ich war sprachlos. Und entrüstet. Was für ein Potentatengehabe, schäumte ich, als ich eine halbe Stunde verspätet zu meinem Termin kam. Leiden die Politiker hier denn alle an Größenwahn? In einem kleinen Land im südlichen Afrika mit gerade mal 2 Millionen Einwohnern? Denken die denn, sie seien ...? Ja wer denn? Welches andere Staatsoberhaupt würde die Straßen seiner Hauptstadt sperren lassen, wenn er zum Flughafen will? Ein erster Bürgermeister der Hansestadt Hamburg sicher nicht – obwohl dessen „Reich" mit rund 2 Millionen Einwohnern etwa so viele Einwohner hat wie Namibia. Aber vielleicht sollte ich nicht den notorisch bescheidenen Bürgermeister einer Hansestadt mit einem afrikanischen Präsidenten vergleichen. Lieber das Staatsoberhaupt eines anderen kleinen Landes? Ob der Luxemburger Jean-Claude Junckers die Straßen seiner Hauptstadt sperren lässt, wenn er zum Flughafen muss oder der niederländische Ministerpräsident? Nicht mal bei der niederländischen Königsfamilie kann ich mir solche Beeinträchtigungen in den Alltag ihrer „Untertanen" vorstellen, genügsam und volksnah wie sie sind. Allerdings schon bei Elisabeth von England. Ja, für die Queen werden bestimmt die Straßen gesperrt und vielleicht – aber auch nur vielleicht – halten sich auch irgendwo dezent im Hintergrund Scharfschützen bereit. Bei der Queen wird sicher so ein Aufwand getrieben. Sie ist eine Institution, das älteste Staatsoberhaupt der Welt, Herrscherin über das Commonwealth – zumindest dem Titel nach. Für sie sind Pomp und Prunk gemacht.

Vielleicht ist das die Erklärung für die Straßensperre, die Maschinengewehre, die ganze Aktion, die sagt: „Hier kommt dein Herrscher!" – die verborgene Sehnsucht nach Pomp und Prunk, nach Macht und Bedeutung. Namibia hatte das Glück, nach seiner Unabhängigkeit eine demokratische Regierung mit einem gewählten Präsidenten zu bekommen, nicht einen dieser anfangs schillernden, später wahnsinnigen Potentaten, die die Wahl nutzten, um in Wahrheit das zu sein, was sie von Anfang an sein wollten: Könige, Häuptlinge, Herrscher über ihr Volk, Herrscher über Leben und Tod. Idi Amin, Mobuto, Bokassa – und auch der Kampfgefährte der namibischen Gründerväter, Robert Mugabe, lässt sich mittlerweile mit einiger Berechtigung in diese Aufzählung einreihen. Die Liste der löwenfellgewandeten Schlächter ist lang und unrühmlich. Die Namibier können erfreulicherweise voller Stolz auf eine Reihe sachlicher Anzugträger schauen, vom Vater der Nation Sam Nujoma über Hifikepunye Pohamba bis zu Hage Geingob heute. Nie hatte ich das Gefühl, dass diese – mit Ausnahme von Sam Nujoma vielleicht – stets ruhig und staatsmännisch auftretenden Männer sich insgeheim vielleicht doch auch nach der Häuptlingswürde und -macht sehnen. Bis zu jenem Morgen an der Straßenecke, als mir, einer harmlosen Mitbürgerin, mit angelegter Maschinenpistole der Weg versperrt wurde.

Und dabei hatte ich noch Glück: Als ich endlich am verabredeten Treffpunkt ankam, erzählte meine Freundin Donna mir, dass ihr das auch schon einmal passiert sei – sogar noch Schlimmeres. Ihr hatten die Präsidentenwachen durch die Heckscheibe ins Auto geschossen, als sie wenden wollte, um auf den Parkplatz von *Woermann & Brock* zu gelangen. Ihre Kinder hatte sie kurz zuvor abgesetzt, sonst hätten die auf der Rückbank gesessen. Mein Blick muss mich verraten haben. Ich dachte, sie nimmt mich auf den Arm, aber es war die traurige Wahrheit. Polizei schießt auf Anwohnerin. Kein Skandal, keine Entschädigung, nicht einmal eine Entschuldigung dafür, dass hier das Leben unschuldiger Bürger aufs Spiel gesetzt wird. Und plötzlich frage ich mich, ob die schmucklosen Anzüge der herrschenden Elite in diesem afrikanischen Vorzeigeland auch nur Verkleidungen sind, unter denen einige doch noch die Löwenfelle tragen, die die Häuptlingswürde, die Macht und das Recht über Leben und Tod verleiht. Wenn das der Fall wäre, würde das vielleicht die viel kritisierte Cliquenwirtschaft erklären, die auch in Namibia als ein Hindernis für den sozialen und ökonomischen Fortschritt betrachtet wird. Denn bedauerlicherweise arbeitet Namibia sich seit Jahren vor auf einen der führenden Plätze des Gini-Index, der die Ungleichheit in der Einkommensverteilung bewertet. Eine Spitzenposition, auf die jedes Land gerne verzichten würde und die nicht mal die härtesten Hardliner in der politischen Landschaft Namibias allein auf die höheren Einkommen weißer Namibier schieben.

Wer die Kommentare im englischsprachigen *Namibian* liest, erkennt schnell, wie selbstverständlich von einer „ruling political class" gesprochen wird und von „us ordinary Namibians" auf der Gegenseite. Es sei bequem geworden, Kolonialherrschaft, Apartheid und industrielle Dominanz der reichen Länder als Ursache für die wirtschaftliche Stagnation des Landes zu benennen, doch wer tiefer schaue, so schreibt der Kolumnist William Gumede in derselben Zeitung, könne feststellen, dass diese Phänomene auch als Ausreden genutzt würden. Viel schlimmer noch, man richte sich mit der Schuldzuweisung an andere in einer untauglichen Opfer-Mentalität ein. 30 Jahre nach der Unabhängigkeit hat sich die Wettbewerbsfähigkeit im internationalen Vergleich nicht verbessert, sondern verschlechtert. Die Gründe dafür sind vielfältig, liegen aber nicht zuletzt in den Hemmnissen für Unternehmensgründungen – und das, obwohl sich alle einig sind, dass unternehmerische Initiative auf allen Ebenen nötig ist, soll die Armut wirksam bekämpft werden.

Während ich dies schreibe, sind die Feierlichkeiten zum dreißigjährigen Bestehen der Republik Namibia schon fast in Sichtweite. Die junge Nation ist kein Teenager mehr, nicht mal mehr ein Twen, sie gehört in die Riege der erwachsenen Staaten, auch nach eigenem Verständnis. Vielleicht sollten sich die politisch Aktiven des Landes daher zu Herzen nehmen, was der Präsident Ghanas, des ersten unabhängigen afrikanischen Staates, Nana Akufo-Addo, anlässlich des 60. Jahrestages der Unabhängigkeit seines Landes sagte: Sechs Jahrzehnte nach dem Ende der Kolonialzeit könne man die Schuld für Armut und Unterentwicklung nicht mehr den Kolonialmächten geben. Ich bin gespannt, wie viele Dekaden Namibia benötigen wird, um, wie William Gumede schreibt, die Opferrolle abzulegen und die Verantwortung für sein Schicksal zu übernehmen. Wer die politische Diskussion verfolgt – insbesondere die zu den Verhandlungen mit der Bundesrepublik um Reparationszahlungen – könnte zu dem Schluss kommen, dass dieser Prozess noch andauern wird. Und doch baue ich darauf, dass es vorangeht, denn wer respektiert schon einen Dreißigjährigen, der immer noch Taschengeld von seinen Eltern bekommt?

Drehort Namibia

Wie schwer es für ein Land ist, mehr zu sein als nur ein malerischer Hintergrund für fremde Geschichten und warum selbst das oft besser ist als nichts.

„Da!“ Ich boxe meinem Sitznachbarn so begeistert in die Rippen, dass er einen Schmerzenslaut nicht unterdrücken kann. „Das ist in Namibia! Diese Sicht von der Düne runter, die kenne ich. Ich habe ein Foto genau davon. Dieser Übergang von der graubraunen Dünenfläche in die Salzpfanne, das ist die kleine Senke vor dem Dead Vlei ...“

„Pssst!“, zischt Axel. „Wollen wir nun den Film sehen, oder was?“

Wir sitzen im neuen *Star Wars Epos*, der lange ersehnten Fortsetzung der ursprünglichen Trilogie aus den 70er und 80er Jahren, die unstreitig zu den Kultfilmen meiner Generation gehört. Gebannt starre ich auf die Leinwand, auf der Menschen und Fabelwesen über fremdartige Landschaften „vor langer, langer Zeit in einer fernen Galaxis“ ziehen. Schauplätze dieser Weltraumabenteuer sind oft Wüstenplaneten: Es gibt wenig Wasser, wenig Nahrung, die Menschen leben in zusammengeschusterten Hütten, überleben eigentlich nur von Tag zu Tag. Kein Wunder, dass sie auf Namibia gekommen sind, denke ich bitter. Hier fanden sie alles, was sie brauchten: Die malerische Wüste und dazu grenzenlose Armut, eine ideale Vorlage für die unterdrückten Menschen auf dem Planeten Jakku. Auch das Heldenpaar passt perfekt hierher: eine weiße Frau und ein schwarzer Mann. Damit wären ja schon fast alle Randgruppen berücksichtigt. Senioren haben wir hier schließlich auch: Han Solo und Prinzessin Leia sieht man ihre Jahre deutlich an.

Nur, warum habe ich gar nichts davon mitbekommen, dass der Film hier gedreht wurde? So eine große Hollywoodproduktion, wäre das nicht Gesprächsthema Nummer eins gewesen? Aus dem Kino zurückgekehrt, klärt mich eine schnelle Internet-Recherche darüber auf, warum die Filmarbeiten an mir vorbeigegangen sind: Weil die Wüstenaufnahmen in der Rub' al Khali in Abu Dhabi gedreht wurden, nicht in Namibia! Ich habe mich getäuscht – da kann ich noch so oft auf mein Foto aus dem Sossusvlei starren und mit der Filmszene vergleichen. Es beweist mir nur, dass es offenbar Ähnlichkeiten zwischen Wüsten gibt. Zumindest im Film.

Ob sich Namibia wohl beworben hat als Location? Und warum hat Abu Dhabi den Zuschlag bekommen? Immerhin hat Namibia eine Reihe von prestigeträchtigen Referenzen vorzuweisen. Bereits 1968 war die Spitzkoppe

Drehort in Stanley Kubricks Kultepos 2001: *Odyssee im Weltraum*. Vierzig Jahre später filmte Roland Emmerich sein spektakuläres Steinzeitwerk 10.000 BC fast vollständig in Namibia – vermutlich, weil er hier die ursprüngliche Natur und den von Licht-Verschmutzung freien Himmel fand, die er für die Darstellung der Erde am Anfang der Menschheitsgeschichte brauchte.

Auch bei dem mit zahlreichen Oscars prämierten Endzeitepos *Mad Max 4* war die *Namibia Film Commission* NFC erfolgreich gewesen. Gedreht wurde entlang der Strecke D1983 von der Wüstenstation Gobabeb bis Rooibank, auf der D1984 in der Mondlandschaft und in einer alten Mine am Rand der Namib. Schaurig sind diese Orte der nackten, ausgebeuteten Natur auch im echten Leben, da fiel es sicher leicht, sich dort die postapokalyptische Welt des Mad Max vorzustellen. Naturschützer wie Tommy Collard protestierten, dass die Filmcrew irreparable Schäden im Dorob-Nationalpark hinterließ. Doch sein ehemaliger Partner Chris Nel, heute Eigentümer des zweiten Wüstensafari-Anbieters in Swakopmund, sieht den Dreh im Nachhinein weniger kritisch. „Die sind nur etwa 5 km in die Wüste hineingefahren und hinterher haben Teams mit Besen, Harken und Netzen aufgeräumt. Es gab Stellen, da war die Wüste nach dem Dreh sauberer als davor.“ Touristenautos seien die größere Gefahr für die Wüste. Sie führen unkontrolliert überallhin – obwohl das verboten ist – und ihre Spuren blieben für immer erhalten.

Namibia bzw. die Namib war übrigens für die Macher von *Mad Max 4* nicht die erste Wahl gewesen, obwohl es schon 2003 erste Kontakte zur NFC gegeben hatte. Doch man entschloss sich, in der australischen Wüste zu filmen, bis dort das passierte, was auch Namibier alle Jubeljahre erfreut: es regnete – und die Wüste wurde binnen kürzester Zeit von einem Blumenteppich überzogen. Viel zu idyllisch für die Endzeit.

Ob der Erstkontakt wohl durch einen der bekanntesten Namibiafans in Hollywood ausgelöst wurde? Durch Angelina Jolie? 2003 erschien ihr Film *Beyond Borders* in den Kinos, in Deutschland unter dem Titel *Jenseits aller Grenzen*. Der Film hatte einen Hollywood-Liebling nach Namibia gebracht und den Wunschtraum der *Namibia Film Commission* und des *Tourism Board* Wirklichkeit werden lassen. Und das Hollywood-Märchen ging weiter: Schönheit mit Herz kommt zum Dreh nach Namibia und verliebt sich bei der Produktion so unsterblich in das Land, dass sie sich entschließt, drei Jahre später hier ihr erstes Kind zur Welt zu bringen. Wow! Dass *Beyond Borders* kein Kassenerfolg war, dass Jolie und der Film für die Negativ-Filmpreise *Goldene Himbeere* und *Rotten Tomatoes* nominiert wurden – das spielt alles keine Rolle. Dafür kann Namibia ja nichts – und vielleicht nicht mal Angelina Jolie. In jedem Fall ist es eine Story, die den Betrachtern zu Herzen geht, und das in einer Landschaft, die man nicht mehr vergisst.

Mit diesem Pfund wuchert auch ein ganz anderes Genre: In schöner Regelmäßigkeit ist unser Traumland Schauplatz deutscher Fernsehunterhaltung vom Typ „Schmonzette". Christine Neubauer & Co. streifen durch den Busch, finden verloren geglaubte Verwandte – ach, die Kolonialzeit! – und verlieben sich in wahnsinnig gut aussehende Farmer.

Nun bin ich die Erste, die zugibt, dass namibische Farmer einen wirklich überraschen können, weil sie so oft nicht den Klischees entsprechen, die wir von ihnen haben. Aber Besuche von heiratswilligen Schönheiten stehen in der Realität wohl eher selten auf dem Programm. Die Chancen, überhaupt Frauen im heiratsfähigen Alter kennenzulernen, sind vermutlich nicht groß, wenn Mann einige Fahrstunden entfernt von Windhoek lebt.

Das könnte ein Grund dafür sein, warum eines von Deutschlands beliebtesten Trash-Formaten – von Fans euphemistisch als Reality-Soap oder gar Reality-Dokumentation bezeichnet – seit ein paar Jahren Namibia entdeckt hat: RTLs Dauerbrenner *Bauer sucht Frau* führt seit 2017 heiratswillige namibische Landwirte im Programm. Sie sind ideales Sehnsuchtsmaterial: „Richtige Männer", groß gewachsen und kernig, die nun wirklich jeder gerne zu Hause besuchen möchte. In diesem Traumland, in dem andere für 'ne Menge Geld Urlaub machen, durch den Busch fahren und Antilopen zählen – welche Frau würde das nicht lieber tun als in Cleve den Stall auszumisten oder auf der Schwäbischen Alb Kühe zu melken. Dass der Farmeralltag auch im Traumland anders aussieht, wissen nur wenige und in der Kuppelshow erfahren sie auch nichts davon. Der deutsche Fernsehzuschauer freut sich über die Mischung aus Trash und Wildnis. Und ich bin froh, dass das Niveau hier noch im erträglichen Bereich liegt und nicht wie bei anderen aberwitzigen – und glücklicherweise eingestellten Formaten – weit darunter. Da stöckelten deutsche Blondinen in *Wild Girls* durch ein Himbadorf, wurden renitente Jugendliche ebenfalls zu den Himbas – hoffentlich in ein anderes Dorf – zur Läuterung geschickt. *Mama International* sitzt als Austauschmutter bei den San vor der Hütte. Und deutsche und namibische Kfz-Mechaniker tauschen im *Stellungswechsel* die Arbeitsplätze. Nicht nur die Sendungen an sich, auch die Eigenwerbung der deutschen Fernsehanstalten für ihre neuen Produkte sind plumpe Aneinanderreihungen von Klischees, die an Peinlichkeit nicht zu übertreffen sind. Ich kann mich nicht entscheiden, welcher Spruch bei mir die *Goldene Himbeere* kriegt: „Liane ist gerade in Namibia gelandet und kommt erstmals mit den Einheimischen in Kontakt. Sie ist zunächst skeptisch – wollen diese kleinen Männer sie vielleicht essen?" oder: „Deutsch gut, Afrika kaputt"?

Auch diese Formate bringen vermutlich Geld nach Namibia. Doch in wessen Tasche landet das? Und rechtfertigt der Anteil, der an die San und die Himba geht, die entwürdigende Präsentation? Ganz zu schweigen von der Gefahr für das soziale Gefüge ihrer Gemeinschaft, nachdem die Filmcrew wie eine Heuschreckenplage weitergezogen ist. Ich habe meine Zweifel und stehe mit denen auch nicht alleine da, wenn ich die deutsche Medienberichterstattung von SPIEGEL ONLINE, taz und Focus über diese Fernseh-„Highlights" lese.

Namibias Nachbar Südafrika hat es geschafft, sich mit der Mischung aus Sonne, Stränden und Meer perfekt als Foto- und Film-Location zu vermarkten. Fotografen und Filmer geben sich in Kapstadt die Klinke in die Hand, um dort im deutschen Winter die Sommermode der nächsten Saison abzulichten, im malerischen Bo-Kaap-Viertel Videos zu drehen.

Warum kommen die nicht mal nach Namibia?, frage ich mich. Hier gibt's Sand ohne Ende, malerische Dünen, und wenn's grün sein soll, findet sich das auch – man muss nur ein bisschen weiter in den Norden fahren oder die Oasen nutzen, die um viele Lodges angelegt sind. Wie wäre es denn, wenn der nächste internationale Musikstar sein Video am Okavango dreht, auf einem Mokoro, einem namibischen Einbaum? Oder in der Weite der Namib? Es ist ja nicht so, als herrschte in diesem Land ein Mangel an fotogenen und filmtauglichen Locations. Darüber hinaus sprechen hier fast alle Englisch, und mittlerweile gibt es an den Universitäten ein großes Angebot an gut ausgebildeten jungen Namibiern, die sicher gerne bei solchen Produktionen assistieren würden.

Es ist keine Frage, dass Filmemacher Geld ins Land bringen, doch in der Regel ist es schwer festzustellen, inwieweit die Bevölkerung wirklich davon profitiert. Die öffentliche Kontroverse um den Dreh von *Mad Max* 4 hatte ihr Gutes: Eifrig wurden Zahlen veröffentlicht, die deutlich machen sollten, wie nützlich der Dreh für Namibias Wirtschaft war. Als Vickson Hangula, Leiter der *Namibia Film Commission,* in einem Interview am Rande der Filmfestspiele von Cannes danach gefragt wurde, erzählte er – mehr oder weniger schmunzelnd –, dass Filmcrews in der Vergangenheit selbst die sogenannten *Tea-Makers,* die Tee aufsetzen und servieren, aus Südafrika eingeflogen hätten, weil sie nicht einschätzen konnten, ob es dafür in Namibia geeignete Kandidaten gäbe. Nicht so bei *Mad Max*: Eine Bedingung der namibischen Seite war gewesen, dass Namibier Arbeit beim Dreh finden. Und so wurden rund 500 Namibier beschäftigt und rund 370 Millionen Namibia-Dollar im Land gelassen. Der erwartete Push für die Tourismus-Industrie blieb zwar aus – aber dafür war es vermutlich der falsche Film.

Und auch der von Hangula erhoffte Impuls für die namibische Filmindustrie ist bisher nicht zu spüren. Noch immer lautet die Antwort der Haushaltverantwortlichen, es gebe Wichtigeres als Film. Dabei würden sich viele in diesen wirtschaftlich schweren Zeiten freuen, wenn es ein weiteres Standbein gäbe. Filme „Made in Namibia" führen noch immer ein Schattendasein, sie kommen selten in deutsche Kinos, sondern sind eher in Kulturvereinen und auf Festivals zu sehen. Weder *The Taste of Rain* (2007) noch *Katutura* (2015) oder *Ghostland* (2016) haben es in europäische Kinos geschafft. Doch immerhin wurden sie in Namibia gezeigt und international in Kultureinrichtungen und auf kleineren Festivals für afrikanische Filme. Bis auf Weiteres wird Vickson Hangula wohl nicht nach Cannes fahren, um einen Wettbewerbsbeitrag zu begleiten. Aber im Oktober 2019 soll der erste vollständig namibische Spielfilm Premiere haben. Ein Krimi, in unserer großartigen Landschaft. Vielleicht schafft der es ja in die deutschen Kinos. Das wäre doch schon mal ein Anfang.

Schaffe, schaffe, Häusle baue

Wie findet man in einem Boom-Land eine Wohnung und wie könnte die Zukunft des Wohnens aussehen?

Diana ist eine patente Frau. Das muss man auch sein, wenn man als alleinerziehende Mutter zwei aufgeweckte und vor Energie strotzende Söhne großzieht. Mit einem Sekretärinnengehalt und dem bisschen Unterstützung durch ihren Ex-Mann ist das keine leichte Aufgabe in Windhoek – wie wohl nirgendwo auf der Welt. Dafür braucht man so viele Fähigkeiten wie ein Shongolongo, ein namibischer Tausendfüßler, Beine hat. Aber vor allem hat Diana eine Gabe, um die sie viele beneiden: das Talent, in Windhoek immer wieder eine bezahlbare Wohnung bzw. ein bezahlbares Haus zur Miete zu finden. Das ist eine geradezu herkulische Aufgabe in einem Land, in dem die Immobilien- und Mietpreise sich so entwickeln, als sei Windhoek nicht die mittelgroße Hauptstadt eines wunderschönen, aber wenig bedeutenden Landes irgendwo im südlichen Afrika, sondern eine Weltstadt. Weltstadtniveau haben auf jeden Fall die Mieten und Immobilienpreise. Und sie kennen nur eine Richtung – nach oben.

Das ist der Grund, warum Diana in den zehn Jahren, seit ich sie kennengelernt habe, sicher sechsmal umgezogen ist. Vielleicht waren es auch siebenmal. Bei den ersten fünf Umzügen hatte sie noch beide Jungs und den Hund dabei. Warum tut man sich das an?, könnte der Leser jetzt fragen – und die Antwort ist: freiwillig wohl kaum! Immer wieder hatten die gemieteten Häuser schwere Schäden. In einem war das Dach so undicht, dass das ganze Wohnzimmer aussah wie die Ausstellungsfläche eines China-Shops: eine Plastikschale neben der anderen. Der Vermieter war gerne bereit, das zu reparieren, aber nur gegen eine Mieterhöhung von 30 Prozent. Ausgeschlossen bei gleichbleibendem Gehalt. Da gab's nur zwei Möglichkeiten: Leben mit Plastikschalen oder ein neues Haus suchen. Im nächsten Domizil schien alles viel besser zu sein – bis die südafrikanischen Eigentümer sich überlegten, dass sie ihr Haus doch lieber Freunden vermieten würden. In Deutschland hätte man gesagt: „Flötenpiepen! Das hättet ihr euch vor Abschluss des Mietvertrags überlegen sollen. Die Bedürfnisse von Freunden begründen keinen Eigenbedarf". Nicht so hier. In einem Land, in dem „Mieterschutz" genauso ein Fremdwort ist wie „Rente", bedeutet das für den Mieter immer nur eins: den Rauswurf. Er kann froh sein, wenn der Vermieter ihm mehr als einen Monat Frist gewährt, um etwas Neues zu finden.

Dass es so nicht weitergehen kann, ist auch den politischen Gremien bewusst, und so las ich im April 2017 in der *Allgemeinen Zeitung*, dass Namibia sich nun ein Gesetz zum Mieterschutz geben wollte. Geregelt werden sollten z.B. die Rechte der Mieter und Vermieter bei Kündigungen, Zahlungsverzug etc., aber auch die Miethöhe. Sogenannte Mietkontrollräte (*Rent Tribunals*) würden über die Angemessenheit von Mieten wachen, die laut des Gesetzentwurfes auf 10 Prozent des Immobilienpreises gedeckelt werden sollten. Auf den ersten Blick ist das eine unsinnige, weil viel zu hoch angesetzte Mietpreis-„Bremse". Man stelle sich vor, eine eher moderate Wohnung in Hamburg Eimsbüttel von 300.000 Euro Wert dürfe 30.000 Euro Jahresmiete erzielen oder 2.500 Euro pro Monat! Doch die Regelung zielt wohl eher auf die Vermietung in Katutura und den sogenannten Informal Settlements ab, die sich jedes Jahr weiter in die Hügel nördlich von Windhoek fressen und wo der Mietwucher selbst in Garagen und Wellblechhütten gang und gäbe ist. Immerhin, mit dem geplanten Gesetzeswerk wäre ein Anfang gemacht, der dazu führen könnte, dass sich Namibia langsam aber sicher in die Richtung eines geordneten Mietermarktes bewegt. Nur – der Gesetzentwurf ist in der Schublade gelandet. Heute, gut zwei Jahre später, klagen Interessenvertreter vor Gericht auf eine Umsetzung des Gesetzes. Nach Aussagen des heutigen Wirtschaftsministers Tweya ist die Vorlage seines Vorgängers Ngatjizeko vom Tisch, was bedeuten würde, dass nicht nur eine Weisung des Premierministers, sondern auch der Beschluss eines Kabinetts-Komitees ignoriert wurden. Es sieht aus, als müssten Namibias Mieter noch eine Weile weiter ungeschützt im Wohnungsdschungel kämpfen.

Diana hat es bisher jedes Mal geschafft, rechtzeitig etwas Neues zu finden und fast immer ist es ihr gelungen, mit der Veränderung noch eine Verbesserung zu erzielen. Einmal war das Haus etwas weiter weg von Arbeitsplatz und Schule, dafür aber neuer. Beim nächsten Mal wurde es kleiner, hatte jedoch einen – wenn auch winzigen – Swimmingpool. Und genau deshalb habe ich sie oft eine Immobilienzauberin genannt. Viele andere verzweifeln an der schier unlösbaren Aufgabe, in Windhoek bezahlbaren Wohnraum zu ergattern. Der entscheidende Grund für die Misere ist wahrscheinlich, dass Namibias Immobilienmarkt in erster Linie ein Eigentums- und kein Mietermarkt ist. Man kennt das aus den USA und Australien, aber selbst bei vielen unserer europäischen Nachbarn ist das Mieten eher etwas für junge Leute oder für Geringverdiener, denen kein Kredit gewährt wird. Wer irgendwie kann, lebt im eigenen Haus. Und so ist es auch in Namibia: Alle streben nach dem Eigenheim. Jeder versucht, eines zu erwerben und abzuzahlen, mit langen Laufzeiten zu nicht sehr freundlichen Konditionen. Hypothekenzinsen von 15 Prozent sind keine Seltenheit.

Nur: Sind schon die Mieten in den letzten Jahren gnadenlos gestiegen, so sind die Hauspreise geradezu explodiert. Bereits 2013 fand sich Namibia nach einer Studie der südafrikanischen First National Bank auf Platz 4 der Regionen mit der höchsten Steigerung der Immobilienpreise, hinter Hongkong, Dubai und Brasilien. Die Gründe dafür sind vielschichtig. Qualifizierte Arbeitsplätze finden sich meist in und um Windhoek, hier gibt es eine ausgebaute Infrastruktur und Schulen, was die gut ausgebildete junge Generation der Namibier genauso anzieht wie ausländische Fachkräfte. Für einige Jahre kam noch hinzu, dass Angolaner und Südafrikaner ein verstärktes Interesse daran zeigten, im vergleichsweise ruhigen und politisch stabilen Namibia Häuser zu kaufen – für den Notfall sozusagen. Auch wenn sich diese Dynamik mittlerweile wieder etwas abgeschwächt hat, bleibt die Nachfrage besonders im mittleren Preissegment hoch, und das Ergebnis ist, dass sich die Immobilienpreise seit 2006 verdoppelt haben. Der Anteil am Haushaltseinkommen, der in den städtischen Lagen für Wohnen aufgewendet werden muss, ist von 2009 bis 2017 von 25 auf 35 Prozent gestiegen und hat damit ebenfalls europäisches Niveau erreicht.

Diana und ihr Mann mussten leidvoll feststellen, was so eine Preisdynamik bewirkt, als sie nach der Scheidung ihr Haus verkauften. Sie hatten sich Zeit nehmen wollen, um erst einmal in Ruhe ein jeweils geeignetes neues Objekt für beide zu suchen. Aus diesem Grund hatte Diana mit dem neuen Eigentümer ein Wohnrecht von weiteren sechs Monaten in ihrem alten Haus vereinbart und war sich besonders gewitzt vorgekommen. Doch dieses Mal hatte sie die falsche Entscheidung getroffen. Sechs Monate später reichte ihre Hälfte des Erlöses nicht einmal mehr, um ein winziges Reihenhaus in Kleine Kuppe anzuzahlen. Denn der Preis für diese Schuhschachtel betrug nun fast so viel, wie der für das schöne 4-Zimmer-Haus in Olympia ein halbes Jahr zuvor.

Glück haben diejenigen, die wie meine Freunde Anke und Herbert schon vor Jahren ein Eigenheim gekauft haben. Die beiden hatten als junges Ehepaar in der Weihnachtslotterie der *Allgemeinen Zeitung* den begehrten Hauptpreis gewonnen, einen voll ausgestatteten Toyota Landcruiser, den Traum aller namibischen Männer. Doch das junge Paar hatte andere Prioritäten: Sie fuhren weiterhin ihr altes Auto und verkauften den Traumwagen. Zusammen mit ein paar Ersparnissen reichte das damals in den 1980er Jahren als Anzahlung für ein Haus in Klein Windhoek, einem der begehrtesten Stadtteile. Inzwischen ist das Eigenheim abgezahlt und damit die Altersvorsorge geregelt, denn mittlerweile ist selbst das Grundstück in dieser Toplage ein Vermögen wert. Die jungen Paare von heute haben allerdings bei diesen Preisen keine Chance. Gute Jobs im unteren und mittleren Management bei Banken oder Unternehmen bringen Bruttolöhne von selten mehr als 25.000 Namibia-Dollar (NAD) im Jahr. Wie soll man da millionenschwere Hauskredite zu 15 Prozent Zinsen abzahlen? Besonders, wenn viele andere Lebenshaltungskosten so hoch sind wie in Deutschland. Hinzu kommt, dass auch denen, die über ein mittleres Einkommen verfügen, lediglich eine Hypothek bewilligt wird, die für den Erwerb eines Eigenheims zu gering ist, weil die zu zahlende Rate nicht 10 Prozent des Gehaltes überschreiten darf. Da genügt oft noch nicht mal ein doppeltes Einkommen, um einen ausreichenden Kredit zu erhalten. Also drängen all die jungen Leute auf den Mietermarkt und verschärfen den Kampf im Haifischbecken.

Wer da keine Eltern hat, die ihm unter die Arme greifen können, muss so lange zu Hause wohnen, bis er heiratet oder einen Partner findet, mit dem er sich die Miete teilen kann.

Dies alles bezieht sich nur auf die Verhältnisse in der sogenannten bürgerlichen Mittelschicht, von der ja viele behaupten, dass es sie in Namibia gar nicht gibt. Eine Einschätzung, die allein ein ganzes Kapitel verdient hätte. Wer aber in einem der ärmeren Stadtteile lebt, in Soweto, Wanaheda, Golgota oder Hakahana, ist mit dem gleichen Problem in verschärfter Form konfrontiert. In der Facebook-Gruppe *Room to Rent Katutura* kann ich nachlesen, dass eine „2-Bedroom-Flat" hier mittlerweile zwischen 5.000 und 6.000 NAD im Monat kostet, ein Zimmer 2.000 bis 3.000. Angesichts der Hungerlöhne von 1.000 NAD pro Monat für Verkäuferinnen und nur rund 6.000 für einfache Büroangestellte wird klar, dass auch hier das Angebot längst nicht mehr zu den Bedürfnissen vieler Menschen passt. Für diese Gegenden sind die geplanten und auf Eis gelegten Mietkontrollgremien wohl in erster Linie gedacht. Hier ist die Diskrepanz zwischen den verlangten Mieten und dem Wert der Immobilien am größten, hier soll der Geldgier der Wohnungseigentümer und Immobilienhaie Einhalt geboten werden. Denn die schnappen jungen Erstkäufern erschwingliche Grundstücke und Häuser bei öffentlichen Ausschreibungen oder Versteigerungen weg und verkaufen oder vermieten sie dann teuer weiter. Um dem entgegenzuwirken, gibt es seit 2017 ein neues Gesetz, nach dem Erstkäufer von der Bank eine Hypothek bekommen können, die 100 Prozent des Hauspreises abdeckt.

Und wer sich jetzt wundert und denkt: Wohneigentum und Katutura? Das passt doch nicht zusammen!, der verbindet Windhoeks größtes Stadtviertel nur mit den

Wellblechhütten in den Informal Settlements. Nach einer Untersuchung von Beat Weber und John Mendelsohn aus dem Jahr 2016 sollen mittlerweile aber rund 40 Prozent der Stadtbevölkerung in solchen „shacks" leben. Katutura jedoch ist mehr als das: Kern des Viertels ist der alte, in der Apartheid-Zeit erbaute Bezirk mit festen Steinhäusern, mit Höfen und Zäunen – und mit Hauseigentümern und Grundbucheintragungen. Und auch hier steigt der Preis, denn es gibt keinen Nachschub. Sozialer Wohnungsbau für Namibier mit geringem Einkommen wird immer wieder gefordert – und ist doch kaum vorhanden. Obwohl der Bedarf riesig ist und stetig größer wird. Währenddessen streiten die Politiker, ob die Lösung darin liegt, bezahlbaren Wohnraum mit staatlichen Fördermitteln zu schaffen – oder ob der Staat lieber Bauland bereitstellen sollte. Das namibische *Institute for Public Policy Research*, IPPR, hat im März 2018 eine Studie zu diesem Thema herausgebracht und kommt darin zu dem Schluss, dass die meisten Namibier eher ein Interesse am Eigenheim zeigen. Nicht zur Miete wohnen wollen sie, sondern ein eigenes Haus besitzen. Vermutlich hätten auch in Deutschland die meisten Menschen lieber ein Eigenheim und nicht eine Mietwohnung. Aber nicht jeder kann sich das leisten. Und geht es nicht in erster Linie darum, den hart arbeitenden Menschen, den Hausangestellten, Verkäuferinnen, Sekretärinnen etc. ordentliche und bezahlbare Wohnungen zur Verfügung zu stellen? Einfachen Wohnraum, in dem sie vor Mieterhöhungen geschützt sind? Land umzuwidmen oder zu enteignen, damit Wohneigentum geschaffen werden kann, hilft den wirklich Bedürftigen nicht.

Der Staat schien das Thema lange nicht anfassen zu wollen, mit wenigen Ausnahmen. In einer Parlamentsdebatte im Juni 2018 sagte Finanzminister Calle Schlettwein, dass man die Verstädterung als unaufhaltsames Phänomen akzeptieren müsse. Der Wohnungsbau habe dem Rechnung zu tragen und auch in Namibia müsse verstärkt „nach oben", also mehrstöckig, gebaut werden. Bezeichnenderweise wird schon in der „Afrikanischen Charta der Menschenrechte und der Rechte der Völker", der sogenannten *Banjul Charta* von 1986, das Recht auf Wohnung nicht genannt. Ob die unterzeichnenden Staaten bereits damals ahnten, dass es schwer werden würde, eine solche Verpflichtung umzusetzen?

Feiern wie ein Farmer

Wie in einem harten Land oft nur eines zählt: im richtigen Moment alles zu geben – und wem der Ehrentag eigentlich gilt.

Lisa und Jaques werden heiraten. Eine liebevoll gebastelte Klappkarte lag heute in meinem Postfach: „Wir hoffen, dass du kommen kannst." Was für eine Frage! Natürlich komme ich. Viel zu selten haben wir uns gesehen, seit Lisa weggezogen ist aus Windhoek. Dabei waren wir vorher unzertrennlich – in unserer komischen Verzweiflung wegen unserer Hunde, die auf dem Hundeplatz rassetypisch dickköpfig partout nur das taten, was in ihren Genen steckte, und nur sehr selten und ausgesprochen langsam das, was die Hundetrainer – oder gar wir! – von ihnen verlangten. Wer nun vermutet, dass Lisa wie ich auch einen Boerboel hat, liegt fast richtig – sie hat einen Boerboel-Mischling. Das wollte sie so. Einer dieser großen, gelassenen Molosser sollte es sein – nur etwas kleiner, also ein Mischling. Nun, den hat sie bekommen: Bis nach Walvisbay ist sie damals gefahren, vier Stunden immerhin, weil dort Boerboel-Mischlingswelpen annonciert wurden, und sie schwört Stein und Bein, dass sie die Mutter gesehen habe und die sei reinrassig gewesen – oder doch zumindest fast reinrassig. Also hat sie sich fröhlich für einen der kleinen Welpen entschieden. Der sah super aus – ein süßer Wonneproppen, den sie Luna taufte. Heute schmunzeln wir alle im Hundeclub, wenn das Thema auf die Rasse von Lisas Welpen kommt, denn eines ist klar: Wenn die Mutter ein Boerboel war, kann der Vater höchstens ein Jack Russel Terrier gewesen sein. Luna, inzwischen ausgewachsen, ist nur knapp kniehoch geraten, hat ein spitzes, waches Gesicht und einen zierlichen, drahtigen Körperbau. Dabei ist sie spritzig und agil – ein himmelweiter Unterschied zu meiner mittlerweile mehr als fünfzig Kilo schweren Boerboeldame Sanya, die gefühlte zwanzig Stunden am Tag schläft und die kaum jemals etwas aus der Ruhe bringt. Lisa will das gar nicht hören. Sie liebt ihren Hund – wie könnte es auch anders sein – und Sanya liebt Luna auch, sodass die immer bei uns schlafen durfte, wenn Lisa und Jaques mal „auf Pad“ gehen wollten und sie nicht mitnehmen konnten. Ach ja, das waren Zeiten: Zweimal die Woche haben wir uns gesehen und nach dem Training immer noch im gemütlichen Clubhaus des Windhoeker Hundeclubs unseren Biershandy oder einen Cider getrunken.

Und nun sind Monate vergangen seit unserem letzten Treffen, denn Lisa ist auf ihre Farm gezogen. Endlich. Man könnte auch sagen: Es ging nicht mehr anders. Aber nicht, weil sie keine älteren Brüder hatte und zu Hause aushelfen musste, nicht, weil die Eltern ein Machtwort gesprochen hätten und sie zurück auf den elterlichen Hof riefen – weit gefehlt. Lisa und Jaques haben die Farm gekauft, weil Lisa es nicht aushielt ohne Farm. Bei Karibib liegt die, genauer gesagt, auf dem halben Weg von Windhoek nach Swakopmund, zwischen Karibib und Usakos. Halbwüste ist das. Karg und wunderschön. Lisa ist ein Farmkind, aus einer Farmerfamilie in vierter Generation, und sie konnte auf Dauer in Windhoek, in der Stadt, nicht heimisch werden. Meine Freundin Anette kommt von einem großen Bauerngut an der Schlei, und von ihr weiß ich, dass sie sich schon früh für eines entschieden hat – in die Stadt zu ziehen und einen Beruf zu erlernen. Alles werden, bloß keine Landwirtin. Vermutlich gibt es nur diese beiden Wege: Man will es auf keinen Fall oder man kann ohne das Land nicht leben. Dabei hatte Lisa es ausprobiert. Sie hatte in Windhoek eine Tischlerlehre gemacht, immerhin ein handfester Beruf, mit dem man überall etwas anfangen kann, und es versucht – mit Haus in Eros, Hund und Hundeclub. Aber irgendetwas schien immer zu fehlen. Sie wusste auch nicht, was es war. Manchmal hatten wir schon die Befürchtung, sie sei vielleicht doch nicht glücklich mit Jaques, diesem stillen freundlichen Mann, der so offensichtlich „die Pad“ anbetet, auf der sie geht ... Aber das war es nicht. Lisa fehlte die Farm. Wie ein amputiertes Glied fehlte es ihr, auf dem Land zu leben, Farmerin zu sein.

Und dann kauften sie Runasib und zogen dorthin – und es war Schluss mit unseren wöchentlichen Treffen. Doch in großen regelmäßigen Abständen kamen E-Mails von der Farm. Nichts war einfach, aber alles genau richtig. Lisa war angekommen. Und nun heiraten sie! Endlich. Was für eine Frage, ob ich kommen kann? Natürlich komme ich.

Da ich allein fahren werde, will die Logistik gut überlegt sein. Mein Freund Peter, der bei einer Autovermietung arbeitet, hat gleich eine Idee.

Du nimmst einen Toyota Innova von uns, da baue ich dir die Rücksitze aus und lege eine Matratze aus unserem Cruiser rein. Da hast du sommer (*gleich*) dein eigenes Wohnmobil und kannst lekker (*prima*) im Auto schlafen. Ohne Goggas (*Krabbeltiere*). Davon gibt's immer klomp (*haufenweise*) im Rivier.

Er hat recht, denke ich. Auf der Farm wird es bestimmt nicht genug Betten für alle Gäste geben. Und tatsächlich finde ich auch eine kleine Fußnote auf der Einladung: „Bringt ein Zelt mit. Schlafen könnt ihr im Rivier. Oder wenn ihr das nicht wollt, auf der Nachbarfarm. Die liegt so etwa 10 Kilometer entfernt." Na, das mit der Nachbarfarm kommt natürlich überhaupt nicht infrage. Wer will denn noch nachts nach der Feierei 10 Kilometer über eine Gott-weiß-wie-schlechte Piste zu den Nachbarn fahren? Im Rivier wird geschlafen, das ist doch klar! Aber im Bodenzelt? Mit all den Krabbeltieren? Ich bin gar nicht ängstlich – aber da muss man schon aufpassen, dass immer alle Reißverschlüsse ordentlich zu sind, sonst hat man im Nu einen Skorpion im Zelt oder eine Schlange, die es sich im Schlafsack gemütlich macht.

Also ist das mit dem zum Wohnmobil umgebauten Kombi wirklich eine super Idee. Gesagt, getan: Peter nimmt ruckzuck die hintere Sitzbank raus und baut mir eine dicke, fast zwei Meter lange Matratze hinter den Beifahrersitz ein. Daneben ist sogar noch Platz für meine Tasche: perfekt. Begeistert betrachte ich mein Mini-Wohnmobil und frage mich, warum ich nicht schon längst auf diese Idee gekommen bin und ob das nicht vielleicht ein gutes Zweitauto für mich wäre. Vor lauter Begeisterung über den zu erwartenden Schlafkomfort vergesse ich leider, eine der wichtigsten Fragen zu stellen, nämlich die, ob das Auto Vierradantrieb hat. Haben die doch alle, die Toyotas – dachte ich. Aber nicht dieser, stellt sich raus, als ich am Folgetag versuche, über die Sandpad zur Farm zu fahren ohne stecken zu bleiben. Der Toyota Innova ist ein ursprünglich für Indien entworfenes Modell und offenbar brauchen die dort keinen Allradantrieb. Hier wäre er aber schon nützlich gewesen, denn die letzten fünf Kilometer zur Farm führen durch eine tiefe Sandpad mit ein paar wirklich kritischen Stellen. Tief durchatmen, befehle ich mir und stelle mir vor, in Deutschland über Glatteis zu fahren. Das Prinzip ist ähnlich: hoher Gang, wenig Gas, bloß nicht bremsen, sonst sitzt du fest. Während ich versuche, locker zu bleiben, obwohl sich meine Hände ums Lenkrad krallen und mein Auto sich in wilden Schlingerbewegungen über den Halbwüstensand unter den Rädern kämpft, muss ich grinsen. In Deutschland hatte ich in den letzten Jahren immer ein Auto mit Vierradantrieb. Weil in unserer Straße der Schnee nicht geräumt wurde. Sodass ich die zwei, drei Wochen im Jahr, in denen das wichtig war, ungehindert fahren konnte. Und hier? Hier in der Halbwüste fahre ich eine alte indische Möhre mit Zweiradantrieb, der, dem Fahrverhalten nach, zudem über die Hinterachse wirkt, sodass das Auto noch unberechenbarer wird.

Doch fluchen nützt nichts – und für den Fall, dass etwas passieren sollte, habe ich mich ja sicherheitshalber nicht allein auf den Weg gemacht. Vor mir fährt Wolfgang, Lisas Kollege aus der Tischlerei in Windhoek, mit seinem alten VW Bulli – sicher auch kein Modell mit Allradantrieb – und der wird mich schon rausziehen, falls ich stecken bleibe, so hoffe ich. Oder Hilfe holen, wenn nötig, irgendeinen von den Kerlen mit den großen Autos von der Farm. Dann hätte es wenigstens einen Sinn, dass ich mit ihm „im Konvoi“ fahre – eine Idee, die ich seit drei Stunden verfluche. Ich wusste nicht genau, wo Runasib liegt, ausgeschildert ist es nicht, also fragte ich rum, wer zur gleichen Zeit zur Hochzeit aufbrechen würde. Wolfgang und Helga mit dem Bulli, super. Nur hatte ich nicht geahnt, dass Wolfgang ein verkappter Rennfahrer ist, der schon bei der Auffahrt auf den Highway in Windhoek, gleich hinter der Stelle, wo immer die Radarfallen stehen, Gas geben würde wie Michael Schumacher in seinen besten Zeiten. Warum ich nicht hinterhergedüst bin, könnte man fragen. Nun, da gab es eine kleine Komplikation: Abgesehen von der Tatsache, dass die Strafen für Geschwindigkeitsüberschreitungen in Namibia empfindlich hoch sind und die Kontrolle einen ewig aufhält, war mein Toyota ja ein Mietwagen. Und genau aus diesem Grund hatte Peter für die Touristen, die gerne mal über Namibias Pisten rasen wie über die deutschen Autobahnen, eine Geschwindigkeitskontrolle eingebaut: Fährt man schneller als die erlaubte Höchstgeschwindigkeit von 100 km/h auf Schotterstraßen, ertönt ein durchdringender Pfeifton, den man nicht abschalten kann. Erst wenn man unter das erlaubte Limit fällt, hört das Gekreische auf. Ich wusste vorher gar nicht, dass es solche Hightech-Kontrollen hier im südlichen Afrika gibt, aber da sieht man mal wieder, wie falsch man Namibia oft einschätzt. Peter verriet mir später schmunzelnd, dass er sogar eine versteckte Gegensprechanlage in die Autos installiert hat, sodass er die Fahrer, die deutlich über dem Limit liegen, anwählen und zur Ordnung rufen kann. Angeblich ist das besonders bei Fahrern aus Asien oft nötig, weil die das Piepen einfach ignorieren und mit 150 Sachen über die ohnehin unfallträchtige B2 von Windhoek nach Swakopmund rasen. Bei mir hatte er diese zweite Stufe der Kontrollfunktion deaktiviert, denn ich sei ja „Familie". Das Pfeifen aber ließ sich nicht abstellen.

Wenn Asiaten das wirklich dauerhaft ignorieren können, ist es ein weiteres Anzeichen dafür, dass sie für die überbevölkerte Welt der Zukunft besser gerüstet sind als wir. Ich jedenfalls konnte den schneidenden Ton immer nur kurz aushalten. Was dazu führte, dass ich brav im Speedlimit blieb, sich mein „Konvoi" schon kurz hinter Windhoek auflöste und ich doch allein fuhr. Wir hatten uns beim Padstal (*Farmladen*) von Hermannstal, zwischen Okahandja und Windhoek verabredet, um dort Biltong und Trockenwurst zu kaufen. Ich konnte nur hoffen, dass Wolfgang und Helga dort auf mich warten würden, denn sonst würde ich nie nach Runasib finden.

Natürlich standen die beiden wie abgemacht in Hermannstal und lachten herzlich, als ich ihnen von meinem wild pfeifenden Auto erzählte. Sie hatten noch nie ein Auto gemietet und konnten sich gar nicht vorstellen, dass man mit so einem Wagen nicht so schnell düsen kann, wie man will.

Nun würden sie langsamer fahren, damit ich an ihnen „dranbleiben“ konnte. Aber auch das gestaltete sich schwieriger als geahnt. Denn sobald wir hinter dem Ortsausgang von Karibib die Hauptstraße verlassen hatten und auf die Sandpad in Richtung des alten Marmorsteinbruchs abbogen, wurde die Pad so staubig, dass es unmöglich war, dicht hintereinander zu bleiben. Wolfgang fuhr also wieder flott voraus und wartete an jedem „Abdreh“, bis ich aufgeschlossen hatte und sehen konnte, in welche Richtung es weiterging. Dann startete er erneut und war bald darauf nur noch als große Staubwolke am Horizont zu erkennen – bis zur nächsten Abbiegung.

Eine abenteuerliche Fahrt – und doch kamen wir ohne Probleme in Runasib an. Selbst die „Treibsandstrecke“ der letzten Kilometer hatte ich – wenn auch mit schweißnassen Händen – einwandfrei gemeistert und so konnte ich meinen Kombi zur Mittagszeit unter einen der wenigen Schattenbäume im Rivier einparken.

Hier wird er nun stehen bleiben, bis ich nach der Hochzeit wieder zurückfahre, und mir in der Zwischenzeit nur als mobiles Zuhause dienen.

Das Rivier zieht sich in einer breiten Schleife um die kleine Anhöhe, auf der das Farmhaus liegt. Eine Reihe niedriger, schlichter Gebäude, ein großer Hof, rechts ein paar Scheunen, ein umzäunter Gemüsegarten, ein paar Autos hier und da. Einige schwarze Angestellte überqueren den Hof, ohne uns zu beachten. Ob wir zu früh sind? Eigentlich hätte doch heute Morgen schon das traditionelle Frauenprogramm stattfinden sollen, mit dem Schmücken der Braut etc.

„Hey, wie geht's?", schallt es da zu mir herüber, während mein Blick noch immer über das Gelände wandert. „Wenn du Lisa und Jaques suchst, die machen gerade mit ein paar Verwandten aus Deutschland eine Tour über die Farm. Sind bestimmt gleich wieder da." Unter dem nächsten Baum steht ein riesiger Bakkie, ein Pickup, und ein großer, bulliger Mann stellt gerade sein Zelt auf, während seine hochschwangere Frau im Schatten sitzt.

„Komm rüber", ruft er auf Afrikaans. „Willst du ein Bier, oder einen Shandy oder ein Cider?"

Und so geht sie los, meine erste Farmhochzeit. Zwei Minuten später hocke ich mit einem Biershandy in der Hand auf der Ladefläche des Bakkies und lerne Piet und Anne kennen, Freunde von Jaques aus Swakopmund. Eine Viertelstunde später schieben wir einen Onkel von Lisa aus dem Tiefsand, der sich mit seinem VW-Polo und dem voll beladenen Anhänger dort festgefahren hat. Ich bin nicht die Einzige, die Probleme mit dem Sand hatte – aber es gibt ja genug Leute zum Helfen. Der Onkel ist Farmer aus der Nähe von Gobabis, aber auch er hat seine Allradautos auf der Farm stehen lassen.

„Ist doch viel bequemer der Polo, ich liebe ihn", bekundet er strahlend, bekommt auch ein Bier und sitzt im Nu neben uns unter dem Baum, und so beginnen wir damit, was eigentlich das wichtigste ist an einer Hochzeit: Man trifft sich und erzählt ...

Wie am Schnürchen kommen jetzt Autos die Pad herunter – und suchen sich weit verteilt ein Plätzchen im Rivier, wo das Zelt aufgeschlagen oder das Dachzelt aufgeklappt werden kann. Gerade frage ich mich, wie das wohl wird, wenn mehr als hundert Gäste auf die zwei, höchstens drei Toiletten des Farmhauses gehen müssen, da wird schon ein professioneller Toilettenwagen herangerollt und aufgestellt. Also vertrauen sie nicht darauf, dass hier alle Gäste Lust haben, nach Safari-Manier mit dem Spaten in die Büsche zu gehen. Mir ist das sehr recht.

Während wir Gäste uns mit dem Brautpaar, das mittlerweile von seinem Ausflug über die Farm zurückgekehrt ist, auf der Terrasse ein kühles Bier genehmigen und den weiten Ausblick über das Land von Runasib genießen, ist im hinteren Teil des Geländes, da, wo die Scheunen sind, hektische Aktivität ausgebrochen. Bakkies und Minibusse sind vorgefahren und haben Menschen und Boxen ausgespuckt, die jetzt irgendwo verschwunden sind.

Ich schaue mich um und überlege, wo die Hochzeit wohl stattfinden wird? Im Rivier? Hier auf der Terrasse ist doch offenbar nicht genug Platz für alle Gäste. Lisa lacht, als ich sie frage.

„In der Scheune und im Hangar machen wir das. Aber wir machen gar nichts. Das erledigt alles der Hochtzeitsservice aus Swakopmund!"

Daher also stammen all die Menschen und Boxen. Ein Full-Service-Hochzeitsunternehmen aus dem immerhin zwei Autostunden entfernten Swakopmund hat das Ruder übernommen. Nur kurz überlege ich, was das alles wohl kosten mag, und bin froh, dass ich, dem Rat meiner Windhoeker Freunde folgend, als Hochzeitsgeschenk Geldscheine hübsch verpackt habe. Die werden sie brauchen können.

Und der Hochzeitsservice leistet ganze Arbeit. Lisa und Jaques können gemütlich mit uns zusammensitzen und erzählen, wie sie die Farm gefunden haben, wie schön es für Lisa ist, jetzt endlich, endlich wieder auf dem Land zu leben, und wie Jaques, das Stadtkind aus Swakopmund, schon ein richtiger Farmer geworden ist in den zwei Jahren, die sie jetzt hier sind. Abends gibt es Schaf- und Ziegenbraten, vom Braai natürlich, mit Salaten, und alle Gäste – etwa zwei Drittel sind bereits wie ich am Vortag eingetroffen – genießen die laue Nacht in der Wüste und die Vorfreude auf den nächsten Tag.

Mein Mini-Wohnmobil bewährt sich – ich schlafe hervorragend darin und bin am nächsten Tag schon mit dem Morgengrauen wach, früh genug, um den Sonnenaufgang über der Wüste zu bewundern. Offenbar haben die anderen Gäste gestern noch länger durchgehalten, denn nirgendwo regt sich etwas. Ich bin allein inmitten dieser gespannten, sirrenden Stille vor dem Morgen. Wie gut, dass ich meinen kleinen Campingkocher mitgebracht habe, so muss ich um 6 Uhr früh niemanden stören und kann doch schon meinen ersten Morgenkaffee unter dem Kameldornbaum genießen – ein faltbarer Campingstuhl hatte auch noch genügend Platz neben meiner Matratze gefunden.

Langsam kommt Leben ins Rivier. Hier hebt sich eine Zeltbahn und ein Kopf schaut hervor, dort klettert eine Gestalt langsam vom Dachzelt herab, die eine oder andere Frau geht in Richtung Toilettenhäuschen. Keine Männer dort. Die bleiben wohl doch der Busch-Manier treu und nehmen den Spaten.

Ab 10 Uhr rollen auch wieder die Wagenkolonnen heran. Viele Gäste mussten offenbar gestern, am Freitag, noch arbeiten und sind heute früh aufgebrochen, damit sie auf jeden Fall pünktlich zur Trauung um 14 Uhr da sein werden. Gegen 13 Uhr verlasse auch ich mein herrliches Plätzchen auf der Terrasse und den Plausch mit Lisas Tante Susanne und begebe mich Richtung Auto, um mich „in Schale zu werfen“. Geduscht hatte ich schon schnell zwischendurch am Morgen in einem der immerhin drei Badezimmer des Farmhauses. Nun nur noch in das hübsche Kleid geschlüpft – und fertig. Letzteres ist nicht ganz so einfach im Auto, aber mit ein wenig Akrobatik auch zu schaffen. Durch die Autofenster sehe ich, wie von hier und da, aus Zelten und Dachzelten andere fein gemachte Gäste kommen. In ihren schönsten Sommerkleidern und die Männer in weißen Hemden. Wir sind fertig für die Farmhochzeit!

Aber nicht nur wir Gäste haben uns herausgeputzt: Auch die Farm ist nicht wiederzuerkennen: Der ehemalige Hangar – der Vorbesitzer der Farm soll ein Flugzeug besessen haben – hat sich in eine Kapelle verwandelt. Zum Schutz gegen die Sonne überdacht und an beiden Seiten offen, Sitzreihen mit weißen Plastikstühlen für uns Gäste sind aufgebaut und vorne ein kleiner Baldachin mit im Wind flatternden Gazestoffen und einem Kissen. Märchenhaft, bis auf die Plastikstühle vielleicht, aber auch die passen irgendwie dazu.

Wo ist die Braut? Alle recken die Köpfe. Da! In einem Vierspänner kommen Lisa und Jaques vorgefahren, beide schüchtern strahlend, als könnten sie noch immer nicht glauben, dass sie im Zentrum dieser ganzen Aufmerksamkeit stehen.

Wir setzen uns, und der baumlange, weißhaarige Herr, den sein Beffchen und schwarzer Anzug gleich als Pastor ausgewiesen haben, beginnt mit der Trauung. Alles ist vorbereitet. Auf jedem Platz der Stuhlreihen liegt das Programm der Zeremonie, mit Gebeten, Liedtexten etc. – eine Erleichterung für mich, denn ich war nicht sicher gewesen, ob ich die Lieder kennen würde. Leider hat aber offenbar niemand dem Pastor einen solchen Ablaufplan ausgehändigt, und so redet und singt er frisch von der Seele weg, wie es ihm einfällt: andere Gebete, andere Lieder, andere Strophen. Die Gemeinde blickt irritiert in die Runde – und nimmt die Herausforderung entschlossen an. Tapfer beten und singen wir, was das Zeug hält, sodass der Pastor, vielleicht bestärkt durch unsere Flexibilität, uns immer neue Aufgaben stellt. Endlich ist er fertig und wir sind erlöst. Lisa und Jaques knien auf dem großen Samtkissen, um den Segen zu empfangen, da rollt eine Woge unterdrückter Heiterkeit durch die Gemeinde. Luna, Lisas Hündin, hatte – vielleicht zur Ablenkung inmitten des ganzen Trubels – einen schönen Knochen bekommen, das Vorderbein einer Antilope, vom Knie abwärts, mit Huf und allem, fast so groß wie Luna selbst. Doch mit der den Hunden eigenen Sensibilität hatte sie offenbar gespürt, was für ein besonderer Tag dies für ihre Herrin war, und sich entschlossen, dem Brautpaar den Knochen zum Geschenk zu machen. Und so zeigen alle Fotos von der Trauung das andächtig kniende Paar auf dem Samtkissen und in ihrem Rücken einen kleinen Hund mit einem riesigen Antilopenknochen.

Der Nachmittag vergeht wie im Fluge, wir trinken Kaffee und Sekt, essen Kuchen und machen Bilder mit dem strahlenden Brautpaar. Jaques schwitzt tapfer in seinem Anzug. Es sind 35 Grad, aber er ist der Bräutigam. Ein

Jackett muss sein, findet er. Da hat es Lisa in ihrem schulterfreien weißen Kleid natürlich besser. Bezaubernd sieht sie aus, denke ich. „Findest du es wirklich okay? Ich wollte einfach kein langes Kleid und keine hohen Schuhe anziehen. Das passt doch nicht auf die Farm – und ich kann das nie wieder tragen." „Quatsch, hier auf hohen Schuhen rumzustöckeln", pflichte ich ihr bei. „Deine weißen Sandalen sind top und dein Kleid ist hinreißend. Du bist die schönste Braut, die je auf Runasib geheiratet hat." Da kann auch Lisa wieder lachen. „Ach je, der Pastor! War das nicht furchtbar? Dabei hatten wir vorher jedes Detail mit ihm besprochen – und dann das! Aber weißt du, er ist schon über achtzig und hat alle in meiner Familie verheiratet und deshalb ..."

„Es ist wunderbar gewesen", beschwichtige ich sie. „Eine sehr schöne Trauung! Definitiv eine meiner schönsten!" Und das ist nicht gelogen, denn ganz sicher werde ich nie vergessen, wie der Wind, der durch den Hangar strich, die Chiffonschals des Altar-Baldachins sanft bewegte, wie diese beiden sich liebenden Menschen auf dem Samtkissen knieten und den Segen des hünenhaften alten Pfarrers empfingen. Und vor allem vergesse ich nicht, wie Luna hinter ihnen lag. Treu und ergeben mit dem Antilopenbein im Maul. Aber das sage ich Lisa lieber nicht.

Irgendwann bemerke ich, dass viele Gäste sich in Richtung ihrer Wagen aufmachen. „Bisschen hinlegen", höre ich sie murmeln und denke: Die kennen sich aus. Mach mit! Das ist eine gute Idee, denn tatsächlich geht es erst am Abend richtig los. Als ich nach einem erfrischenden Nickerchen im Schatten „meines" Kameldornbaums zurück zur Farm komme, traue ich meinen Augen nicht: Aus der großen Scheune ist ein glitzernder Ballsaal geworden, schöner als jedes Stadthotel in Windhoek oder Swakopmund ihn bieten könnte. Die Wände, mit Stoffen abgehängt, schimmern im Glanz hunderter kleiner indirekter Lichter. Weiß gedeckte runde Tische auf frisch ausgelegtem Teppichboden, eine Tanzfläche und im hinteren Bereich ein gigantisches Buffet sowie ein Tresen, der es mit jedem in einer guten Bar aufnehmen könnte. Wow, denke ich, und sehe beeindruckt auf die großen Spieße, an denen sich unterschiedliche Tierleiber über der Glut drehen. Ziege? Schaf? Antilope? Egal, bestimmt lecker. Die Buffettische biegen sich unter der Last all der Beilagen und Süßspeisen, von denen eine verführerischer aussieht als die andere. Rote-Beete-Salat, Kürbis in verschiedenen Zubereitungsarten, Kartoffelsalate, grüne Salate … ich weiß gar nicht, wie die Ladies vom Hochzeitsservice diese Mengen am Nachmittag hervorzaubern konnten. Sie hatten sich hinter der Scheune mit undurchsichtigen Planen einen großen Pferch abgeteilt, in dem sie von den Gästen unbeobachtet ihre Wunder vollbrachten, aber all das kann unmöglich dort zubereitet worden sein. Vermutlich haben sie das meiste aus Swakop mitgebracht. Mir läuft das Wasser im Mund zusammen.

Doch vor den Genuss haben die Götter den Schweiß gesetzt und das heißt in diesem Fall: die Reden. Wir sitzen an unseren Tischen und lauschen den Worten der stolzen Väter, der Freunde, der Brüder. Das unterscheidet sich nur durch die Mundart von einer deutschen Hochzeit. Langsam bekomme ich Mitleid mit dem Brautpaar. Ich habe einen Blick von Lisa erhascht, wie sie sehnsüchtig aufs

Buffet schielt. Sie hat ja bestimmt seit heute Morgen nichts mehr zu essen bekommen und wünscht sich, dass der offizielle Teil dieser Feier endlich vorbei ist und es gesellig wird. Und als hätte sie es gespürt, wendet sich ihre Freundin und Trauzeugin, die die Moderation des Abends übernommen hat, an die Gäste.

„Es gibt noch eine Menge weiterer Beiträge, aber die verschieben wir auf später. Jetzt esst erst mal was. Und trinkt, aber nur ein bisschen. Und danach machen wir weiter!"

Von nun an rollt der Abend und wird zu einer großen ausgelassenen Party. Wir essen, wir trinken – Wein und Bier sind frei, alles, was härter ist, muss man an der Bar kaufen, sodass der Alkoholpegel nur langsam steigt – und wir tanzen! Ich hatte mir ein wenig Sorgen gemacht, dass der Spaß an mir vorübergehen würde, weil ich ja allein gekommen war, doch das war völlig unbegründet. Lisas Brüder, ihre Cousins und ihr Vater machen die Runde und tanzen mit uns allen. Und wie diese Farmer tanzen können! Zu jedem Lied den passenden Tanzschritt, sprühend vor Energie und unermüdlich im Einsatz. Lisas Vater ist der König der Tänzer, nie würde man annehmen, dass er über siebzig Jahre alt ist und schon vor einiger Zeit seine Farm an den ältesten Sohn übergeben hat. Der ist natürlich ebenfalls auf dem Parkett und versucht ganz offensichtlich, seinem Vater auch im Tanzen nachzueifern. Ich bin schneller müde als die Männer und freue mich, dass die Moderatorin uns nun auf unsere Plätze schickt, damit die zweite Hälfte des Programms dargeboten werden kann. An unserem Tisch hat es einen Platzwechsel gegeben; die junge Frau vom

Nebentisch und der junge Farmer, der bei uns saß, haben eben schon eng umschlungen getanzt und wollen nun keine Minute der Trennung mehr ertragen. „Die sind total verknallt. Ist das nicht wunderbar?“, flüstert mir Lisa später zu, als ich sie auf die beiden anspreche. „Es ist so schwer für einen Farmer, eine passende Frau zu finden. Und sie ist auch Farmerin. Ihr Mann ist vor drei Jahren gestorben. Ich gönn ihnen das so!“

Auch viele andere Gäste werfen sehnsuchtsvolle Blicke auf das junge Glück. Da ist der lange, hagere Zwiebelfarmer aus der Gegend von Otavi und seine junge Freundin, die von einer Schaffarm im Süden stammt und die, wie sie mir nachmittags verschämt gestanden hat, so gerne den Brautstrauß gefangen hätte. Ich merke, dass ich in meinen Gedanken immer alle Farmer in einen Topf geworfen habe, aber hier gibt es Schaffarmer, Rinderfarmer, solche die Mais anbauen oder eben Zwiebeln und ... und ... und ... Das ist eine eigene Welt, und ich überlege, ob es nicht ein schönes Projekt wäre, ein Jahr lang von Farm zu Farm zu ziehen. Überall einen Monat bei diesen Menschen zu verbringen, ihren Alltag zu erleben, ihre Sorgen, ihre Träume kennenzulernen und zu verstehen, was es ist, was sie an dieses Land bindet. Denn so unterschiedlich sie in Alter und Interessen sein mögen, eines eint sie, spricht aus jedem Satz, aus jedem Zentimeter sonnengegerbter Haut, aus jedem Blick zum Himmel. Dies ist ihre Heimat. Sie sind Namibier, weiße Namibier mit Land. Land, das viele gerne hätten, vielleicht auch zu Recht. Wie man sich mit diesem Gedanken wohl fühlt?, überlege ich kurz. Ob ich da herankommen würde in meinem Monat auf der Farm?

Würden sie mir die Wahrheit sagen? Was sie davon halten, dass jetzt schwarze Farmer das bisher von Weißen bewirtschaftete Land bekommen sollen? Ob sie Angst haben vor der Zukunft? Oder ob sie vielleicht sogar eine gute Idee haben, wie es funktionieren könnte.

„Soll ich dir noch einen Drink von der Bar mitbringen?“ Klaas – was macht der noch? Mais? Kartoffeln? – hat mich grinsend angestupst. „Du bist zu nüchtern. Da kommt man ins Grübeln. Aber heute woll'n wir feiern. Komm, ich hol dir was. Brandy-Coke? Oder was willst du?“

Recht hat er, heute ist ein Tag zum Feiern, aber meinen Plan mit der Farm-Tour stecke ich innerlich in die Schublade, auf der steht „Keine schlechte Idee, noch mal drüber nachdenken!“

Irgendwann – ist es ein, zwei oder drei Uhr? gehe ich zu meinem Schlafmobil und krieche in den Wagen. Über mir glitzern die Sterne am tiefschwarz-wolkenlosen Himmel, im Hintergrund spielt die Partymusik. Wie lange sie wohl noch feiern werden?

Am nächsten Morgen ist klar, dass sie noch sehr lange durchgehalten haben. Als ich zum zweiten Kaffee – den ersten gab's wieder in der Stille des Riviers – ins Farmhaus komme, sind Lisa und Jaques schon auf – oder gar nicht im Bett gewesen. Noch schlafen die meisten anderen und wir setzen uns mit den dampfenden Bechern in der Hand auf die Terrasse. „Und?“, will ich wissen. „Habt ihr sie auch genießen können, eure Hochzeit?“ Lisa strahlt mich an. „Es war wunderbar. Genauso wie ich es mir vorgestellt habe. Ja, der Pastor hat ein bisschen aufgefockt (*es verbockt*) und ja, der eine Bokkie war ein bisschen taai (*zäh*) und ja, vielleicht hatten wir ein paar zu viele Reden und hätten noch ein bisschen mehr tanzen können. Aber es war die schönste Hochzeit je! So viele Leute haben mich gefragt, warum wir hier feiern. Was das alles kostet! Warum wir es nicht einfach im Hotel in Swakopmund gemacht haben." Jetzt strahlt sie Jaques an, nimmt seine Hand und zeigt auf das Land vor uns. „Aber die verstehen das nicht. Das hier ist unsere Farm, unsere Heimat. Hier werden unsere Kinder aufwachsen. Und es ist hart, karg und gar nicht immer lustig, hier zu leben. Aber am Anfang unserer gemeinsamen Zeit wird immer dieses wunderbare Fest stehen. Runasib hat gestrahlt, wie es vielleicht erst wieder strahlen wird, wenn unsere Kinder hier heiraten. Und das hat die Farm verdient, so wie wir. Das war jedes Geld wert."

Es ging ihr gar nicht in erster Linie um die Hochzeit, denke ich. Es war ein Fest für die Farm!

Leben mit der Dürre

Warum ein ständig von Trockenheit geplagtes Land Besucher fast so nötig braucht wie Regen und was passiert, wenn beides ausbleibt.

„Fahr doch mal zu Guido nach Namseb“, hatte Erika vorgeschlagen, als ich ihr von meiner Suche nach neuen Geschichten über den Alltag in Namibia berichtete. „Der kann den ganzen Tag erzählen.“ Das konnte ich mir gut vorstellen, vermutlich hatte er das Autorentalent seiner Mutter Erika von Wietersheim geerbt. Mich interessierte vor allem, warum er sich für das Farmleben entschieden hat. Doch es braucht ohnehin keine großen Überredungskünste, mich zu einer Fahrt in den Süden zu bewegen. Ich liebe die Vornamib. Wenn man eine Lieblingslandschaft in einem an Höhepunkten so reichen Land haben kann, dann ist das meine. Die Farm Namseb liegt genau dort, bei Maltahöhe – eine leicht zu nehmende Strecke und ein gut erreichbares Ziel für ein paar Tage Abstand von Windhoek mit genügend Einsamkeit zum Schreiben.

So oft bin ich diese Strecke schon gefahren, und jedes Mal, wenn ich von Mariental kommend in Richtung Maltahöhe abzweige, trifft mich der Anblick mitten ins Herz. Wie schnurgerade die Straße hier verläuft, wie man oben, auf einer Anhöhe angelangt, das schwarze Band vor sich sieht, das in einer sanften Wellenbewegung gestochen scharf bis zum Horizont führt und dort im Unbekannten zu verschwinden scheint. Dieses Land ist immer wieder neu für mich und immer wieder faszinierend.

Links und rechts der Straße wiegt sich das Gras im leichten Wind, ein fedriger silbriger Teppich auf beiden Seiten des schwarzen Asphaltbandes. Die Regenfälle sind endlich gekommen und haben wie immer ihren Zauber bewirkt. Und dann, plötzlich, nichts mehr. Kein Gras, kein silbriger Teppich, nur rotgraubraune Wüste und Gestein. Bis hierher, wenige Kilometer vor Maltahöhe, ist der Regen gekommen. Weiter nach Westen nicht. Mich beschleicht ein mulmiges Gefühl. Ob es wirklich eine gute Idee ist, einen Farmer in der schlimmsten Dürre der letzten Jahrzehnte zu besuchen?

In Maltahöhe sollte ich einfach nur geradewegs über die Kreuzung fahren und nicht wie sonst links nach Solitaire abbiegen. Dann 12 Kilometer weiter geradeaus und schon ist man da, stand in der Mail. Und so ist es auch. Die Pad ist wellig, aber passabel und vor allem gut ausgeschildert. Immer wieder verheißen Schilder „Nur noch 9 Kilometer", „Nur noch 3 Kilometer". Die Besucher sollen nicht den Mut verlieren, denke ich – wegen der einsamen Sandpad und vor allem wegen der Mondlandschaft, die sich um mich herum erstreckt. Nackter Boden mit ein paar struppigen Gabba-Büschen. Viele Steine. Dazwischen die Pad. Wovon leben die hier? Was farmt man in dieser Wüste? Dann mitten in der kargen dunkelrotbraunen Landschaft eine Anhöhe. Fast wie ein kleiner Ayers Rock, schießt es mir durch den Kopf, als die Piste direkt auf dieses Massiv zuzuführen scheint. Wenige Minuten später stelle ich fest, dass die Straße im abenteuerlichen 30-Grad-Winkel die Anhöhe erklimmt. Überraschenderweise kann man sie ganz gut hochfahren – selbst ohne Vierradantrieb. Oben angekommen, finde ich mich auf einem Hochplateau wieder, auf dem eine Lodge steht, ein wenig wie eine mittelalterliche Burg, die von der Anhöhe aus die Ebene beherrscht. Schlichte Bungalows, die mit den rotbraunen Steinen der Umgebung erbaut oder zumindest verkleidet wurden, umringen eine große freie Fläche mit dem Haupthaus am gegenüberliegenden Ende. Der Blick ist atemberaubend. Es ist früher Nachmittag, noch einige Stunden bis zum Sonnenuntergang, selbst jetzt im Winter, aber ich ahne schon, wie großartig das Spektakel sein wird, das sich hier dem Auge bietet. Zu meiner Freude hat Guido mich in einem der Self-Catering-Bungalows untergebracht, die direkt an die Steilkante grenzen und die schönste Aussicht haben. Vermutlich ein Friends-and-Family-Bonus, denke ich und bin glücklich, dass ich mir nun morgens meinen ersten Kaffee selbst brauen kann und abends meinen ganz persönlichen Sundowner-Spot haben werde. Guido und seine Frau Aileen sind noch nicht da, und das gibt mir die Gelegenheit, schon einmal die Gegend zu erkunden. Praktischerweise entdecke ich einen kleinen Rundweg um die Lodge, der mich in einem Bogen vom Hochplateau hinunter, durch ein trockenes Rivierbett und dann wieder hinaufführt.

„Ein wenig fühle ich mich, als hätte ich einen Spaziergang auf dem Mars gemacht", erzähle ich Guido und Aileen beim Dinner. „Alles ist so trocken. Kaum ein Blatt, nicht mal an den Sträuchern. Tiere habe ich auch nicht gesehen, die sind wahrscheinlich schon nicht mehr hier, oder?"

Er schüttelt den Kopf. „Doch, es gibt noch Oryx und ein paar andere Antilopen, aber die stehen da hinten." Er zeigt auf ein Gebiet in der Ferne, kurz vor dem Horizont.

„Das gehört alles noch zur Farm?" Ich kann es gar nicht glauben.

„Aber natürlich", erwidert er schmunzelnd. „Hier im Süden brauchst du große Flächen. Wenn du in Deutschland etwa einen viertel Hektar berechnest für ein Rind und in der Mitte und im Norden Namibias 8 Hektar, dann brauchen wir hier offiziell 25 Hektar, realistischerweise aber 60 bis 80 Hektar pro Rind zum nachhaltigen Farmen. – Wenn es denn regnet. Da kommen schon ganz schöne Flächen zusammen. Aber die Rinder, die sind eh alle weg. Dürre. Das ging nicht mehr. Ist ja klar. Die haben wir verkauft."

Ich bin sprachlos ob dieser Relationen. Ein Rind hier braucht 240 Mal so viel Fläche wie eine glückliche norddeutsche oder bayerische Kuh? Natürlich ist der Unterschied zwischen unseren fetten Weiden und der kargen namibischen Landschaft offensichtlich, aber das 240-Fache? 60 bis 80 fußballfeldgroße Flächen für ein Rind? Darf ich ihn fragen, wie man davon leben kann bei dieser

Dürre, ohne zu neugierig oder zu unsensibel zu wirken? Mein Zögern scheint verraten zu haben, was mir durch den Kopf geht. Vielleicht kann man es mir auch ansehen, mein Entsetzen über diese tote Landschaft um mich herum.

„Wir leben im Moment von den Touristen. Ohne die Lodge würde es gar nicht gehen. Wir würden verhungern oder wir hätten verkaufen müssen – und wer kauft im Moment schon ein Stück Wüste?“ Er schüttelt den Kopf. „Wenn ich daran denke, dass ich die Lodge gar nicht haben wollte! Ich wollte eigentlich nie im Tourismus arbeiten, immer nur farmen und jagen. Ganz normales namibisches Leben eben, so wie ich es mit meinen Eltern kennengelernt habe. Aber die Lodge war ja schon da, als ich die Farm gekauft habe. Und nun sind wir wirklich froh, dass wir sie haben.“

„Nicht, dass du denkst, wir wären total blauäugig gewesen, als wir uns für die Farm entschieden haben“, fällt seine Frau ein. „Das war in einem Jahr mit so viel Regen, dass Guido Angst hatte, ihm verfault das Gras. Kein Witz. Ich kam ja mehr oder weniger frisch aus Deutschland, und er hat nur ständig gesagt, ich soll bloß nicht denken, dass das hier immer so ist. Tja, und da hat er ja auch recht behalten. Leider!“

Abends sitze ich noch mit einem Tee vor meinem Bungalow – der Wind pfeift über die freie Fläche und ist schneidend kalt. Zu kalt für Alkohol außer Glühwein, finde ich, und freue mich, dass ich meine Daunenjacke doch noch eingepackt habe. Ein Bus ist vorgefahren und hat eine Ladung Touristen ausgespuckt, die hier übernachten, bevor sie morgen in aller Herrgottsfrühe ins Sossusvlei aufbrechen werden. Man glaubt es kaum, aber tatsächlich ist dies kein Einzelfall mehr. Die Buchungslage an Namibias Hauptsehenswürdigkeiten ist so angespannt, dass Reiseunternehmen ihre Gäste um 4 Uhr morgens aus den Betten holen, weil sie vor der Toröffnung am Sossusvlei um 6:30 Uhr noch die rund 180 Kilometer mit dem Bus bewältigen müssen. Meine gebetsmühlenartig wiederholte Empfehlung, eine Namibiareise mindestens eineinhalb Jahre vor Reisebeginn zu buchen, ist mittlerweile eine Binsenweisheit. Doch für Guido und Aileen ist die Knappheit der Unterkünfte ein Segen zur rechten Zeit. Mitten in der Dürre beschert sie ihnen eine sichere Einnahmequelle von Gästen, denen die Mondlandschaft nichts ausmacht, weil sie sie nur zum Sundowner erleben – und da ist sie spektakulär. Ein wenig schade, denke ich, während mein Blick über die Lodge und die unendliche Ausdehnung der Farm schweift. Diese Gegend hier hätte es verdient, dass man um ihrer selbst willen kommt, und sie nicht nur als Stopover nutzt.

Im Restaurant gehen die Lichter aus. Guido und Aileen geben den beiden Hotelfach-Praktikantinnen noch letzte Anweisungen fürs Frühstück und machen sich dann auch auf den Weg nach Hause. Das Farmhaus liegt nur dreieinhalb Kilometer entfernt. Nah, aber eben doch nicht zu nah, sodass sie noch ihre Privatsphäre haben. Respekt, denke ich, die beiden haben es geschafft, sich anzupassen und aus einer schwierigen Lage das Beste zu machen.

Und ganz unwillkürlich wandern meine Gedanken zu meinen Freunden Lisa und Jaques, deren Traum von der eigenen Farm in der Dürre verdorrt ist. Sie mussten auch ihre Tiere verkaufen, eines nach dem anderen – und die brachten kaum die Transportkosten wieder ein, denn wer kauft schon Rinder in der Dürre. Auch bei ihnen ist die Landschaft malerisch, mit den Granitklippen, der Wüste, den Rivieren.

„Ihr müsst mit Touristen farmen", hatte ich versucht, ihnen zu raten. „Ihr habt ja schon die zwei Zimmer mit eigenem Bad, die vor dem Farmhaus liegen. Da baut ihr noch zwei dazu und das reicht dann vielleicht schon zum Überleben. Stopover-Gäste, die die Fahrt von Swakopmund nach Windhoek unterbrechen wollen und vielleicht noch in den Erongo oder in die Wüste weiterfahren möchten. Ihr liegt doch ideal hier, mittendrin."

Doch sie hatten nur den Kopf geschüttelt. „Keine Lust. Wir sind Farmer!" und: „Wo sollen wir Angestellte herbekommen? Hier gibt es keine, wir kriegen ja nicht mal eine Hilfe für unseren Haushalt." Man kann es sich kaum vorstellen, aber in diesem Land mit seiner erschreckend hohen Arbeitslosenquote besteht eine der größten Schwierigkeiten darin, Personal zu finden, gerade auf den abgelegenen Lodges. Auch bei Guido und Aileen ist das ein Dauerthema – aber Lisa und Jaques haben die Hoffnung aufgegeben, Frauen zu finden, die auf der Farm arbeiten wollen. Das ist der Teufelskreis: Ohne Personal, kein Gästebetrieb. Ohne Gäste keine Einnahmen in der Dürre. Ohne Einnahmen bleibt nur aufgeben und weggehen. Lisa und Jaques sind erst mal zurückgezogen nach Swakopmund, arbeiten wieder dort und versuchen, mit dem verdienten Geld die Farm als Wochenendbetrieb am Leben zu erhalten. „Vielleicht kommt der Regen ja wieder, vielleicht kommt er beim nächsten Mal weit genug nach Westen, vielleicht klappt es dann mit der Rinderzucht, vielleicht können wir doch noch auf der Farm leben, vielleicht ..."

Viele namibische Farmen liegen in Gebieten, die nach unseren Maßstäben für Landwirtschaft ungeeignet sind. Wenn der Niederschlag einigermaßen normal fällt – kleiner Winterregen, mittelstarke Sommerregen – kommen sie durch. Nicht gut, aber irgendwie. Wenn ein Jahrzehnt jedoch so von Dürre geprägt ist wie das letzte, mit Trockenzeiten ohne nennenswerte Niederschläge über Jahre – von 2013 bis 2018 – dann werden Farmen aufgegeben. Die offiziellen Zahlen zeigen hier nicht das ganze Ausmaß der Notsituation, denn erfasst werden nur die Betriebe, deren Besitzer verkaufen. Doch der Großteil der Farmer zieht sich lediglich zurück, geht in die Stadt, versucht eine Arbeit zu finden. Auch sie sind Opfer der Dürre, aber in keiner Statistik verzeichnet.

Doch die Dürre trifft nicht nur die ländlichen Gebiete, auch in Windhoek und den anderen Städten sind die Auswirkungen dramatisch. Jedes Mal, wenn die jährlichen Regenfälle ausbleiben oder wenn sie hinter den Erwartungen liegen, zeigt sich, was eigentlich jeder vorhersagen konnte: Es ist allerhöchste Zeit. Die Städte wachsen stetig durch den Zuzug vom Land – Windhoek hat seine Einwohnerzahl in den letzten zehn Jahren verdreifacht – aber die Wasserversorgung wurde nicht an die gestiegene Verbraucherzahl angepasst. Noch immer sollen die drei Staudämme Von-Bach-Damm, Hardap und Goreangab das Wasser für Namibias Metropole liefern – völlig unzureichend in ihrer Kapazität, um diese Aufgabe zu erfüllen.

Ein Versäumnis, das sich jetzt rächt. Während der großen Dürre der letzten Jahre liefen die Staudämme fast komplett leer und die Windhoeker wurden notgedrungen zu Profis im Wassersparen. Das erlaubte Tages-Kontingent pro Haushalt sank 2016 auf 90 Liter pro Person. Das Wässern von Zierpflanzen und Gemüsegärten wie das Auffüllen von Schwimmbädern und die heimische Autowäsche waren gänzlich untersagt; Bäume und andere Nutzpflanzen durften nur zweimal die Woche kontrolliert bewässert werden. Da musste man erfinderisch werden. Das Duschen wurde zu einer hektischen Aktion, bei der man sich kurz nass machte, dann das Wasser abstellte, sich einseifte und in Minimalzeit abspülte. Dabei stand man in einer Plastikwanne, denn das aufgefangene Seifenwasser war immer noch besser als nichts für die wenigen verbliebenen Pflanzen im Garten. Dorthin brachte man auch das Abwaschwasser und jeden Tropfen, den man erübrigen konnte, in einem verzweifelten Versuch, wenigstens die Bäume zu retten. Zuerst waren natürlich die Swimmingpools aufgegeben worden. Einige meiner Freunde hatten sie gleich zugeschüttet. „Das wird nie wieder was hier mit dem Wasser." Auch der Rasen wich schnell Sand, Kieseln oder gar Verbundpflaster. Wer seinen Garten mit Wüstenpflanzen angelegt hatte, war fein raus, und Hanne und Ralf, die schon seit Längerem das Grundstück um ihr Haus wie eine Wüstenlodge gestaltet hatten, mit Sukkulenten, Felsklippen und Holzskulpturen, wurden begehrte Ratgeber für „Dürre-Gärten". Natürlich kann man sich fragen, warum diese Konzepte nicht schon lange verfolgt wurden, warum in einem Wüstenland satte Rasenflächen federnden

Tiger-Grasses um die Swimmingpools Woche für Woche mit kostbarem Wasser aus der Leitung am Leben gehalten wurden, warum es in den Gärtnereien Fleißige Lieschen gab, Geranien und andere wasserhungrige Pflanzen. Vielleicht ein weiteres Zeichen dafür, dass viele eingewanderte Namibier nie wirklich begriffen hatten, in was für einem Land sie jetzt lebten. Wohin diese Mentalität führen kann, konnte man beim Blick auf den großen Nachbarn Südafrika erkennen. In Kapstadt drohte Ende 2017 der Wasser-GAU. Täglich wurde die Zahl veröffentlicht, für wie viele Tage das Wasser noch reichen würde, der totale Kollaps war weniger als einen Monat entfernt. Drakonische Strafen wurden verhängt für alle, deren Wasserkonsum über den mageren 50 Litern pro Tag und Person lag, die jedem Haushalt zugestanden worden waren. Zum Vergleich: Ein Deutscher verbraucht durchschnittlich 122 Liter am Tag, ein Spanier mehr als 200 Liter. Plötzlich standen in Kapstadt weiße Mittelschichtshausfrauen an öffentlichen Wasserspendern und versuchten, in großen Plastikflaschen Wasser abzufüllen – Bilder, die an die Nachkriegszeit in Deutschland erinnerten – oder an Reportagen aus den Slums dieser Welt. Wer in Namibia noch geglaubt hatte, der „große Bruder Südafrika" würde wie schon beim Strom sicher auch mit Wasser aushelfen, wurde spätestens da eines Besseren belehrt. Aber es gab Grund für vorsichtigen Optimismus. Das riesige unterirdische Wasserreservoir Ohangwena II, das 2012 entdeckt wurde, könnte zumindest dem Norden Namibias Wasser für Jahrhunderte liefern – bei jetzigem Verbrauch zumindest. Geht es so weiter mit den ausgedehnten Dürreperioden, wird der Vorrat möglicherweise nicht annähernd so lange halten. Die Freude über den Fund dieser „Notreserve" ist verständlich, doch schon mahnen Besonnene, dieses Wasserreservoir in erster Linie als das zu sehen, was es ist: ein „last resort", eine letzte Hilfe vor dem Kollaps, sollten alle anderen Maßnahmen ausgeschöpft sein oder ein unvorhersehbares Ereignis eintreten. Keinesfalls solle man dieses einzigartige Geschenk schon jetzt in die normale Wasserversorgung einbeziehen, nur weil man sich den Aufwand und die Mühen für die überfällige Neuorganisation der Wasserwirtschaft sparen möchte. Doch genau dahin scheint es sich zu entwickeln. Statements des Ministeriums lassen durchblicken, dass man zumindest zum Teil die Versorgung für Windhoek mit Wasser aus dem neu gefundenen Reservoir bestreiten will. Ein Preis, den die kommenden Generationen von Namibiern bezahlen müssen. Ihre Notreserve wird der Bequemlichkeit der heute Lebenden geopfert – mit unvorhersehbaren Folgen angesichts eines Klimawandels, der mit großer Wahrscheinlichkeit zu weiteren Dürren führen wird. – Vielleicht schon recht bald, denn die aktuelle Regensaison im Jahre 2018/19 sieht zur Zeit mit Jahrhundert-Höchsttemperaturen und unterdurchschnittlichen Regenfällen alles andere als vielversprechend aus. Doch selbst wenn der Regen noch kommt, wenn dieses Jahr doch noch ein gutes Regenjahr werden sollte – die nächste Dürre folgt bestimmt. Und vermutlich bald, denn die Abstände scheinen immer kürzer zu werden.

Meine Freunde in Windhoek mussten sich nicht absprechen. Auch wenn die Wasser-Restriktionen Anfang

2018 gelockert wurden und wieder mehr Wasser pro Haushalt zur Verfügung stand, hatten fast alle die meisten der Sparmaßnahmen beibehalten, und das war auch gut so, denn in Ankes letzter Mail lese ich, dass diese Lockerungen der Maßnahmen bereits Schnee bzw. Regen von gestern sind:

„Noch ist es nicht wieder ganz trocken und wir duschen auch noch nicht in der Wanne, aber immer nur ganz kurz", schreibt Anke. „Und was den Garten angeht, werden wir das auch so machen wie Hanne, mit den Sukkulenten – die kommt nächste Woche und dann fangen wir an und pflanzen alles neu. Der große Baum im Hof darf bleiben und die Aloen vielleicht. Aber alles andere wird „wüstentauglich" gemacht. Wenn die da oben schon nicht an die Zukunft denken – wir müssen es tun. Dies ist unser Land und es geht um die Zukunft unserer Kinder!"

Dies ist auch mein Land

Warum Land mehr ist als Erbe, Besitz und Wirtschaftsgrundlage und warum sich ein Blick auf die emotionale Seite der Medaille lohnt.

„Sag mal, kannst du mir vielleicht dieses komplizierte Landreform-Thema erklären?", fragt mich meine Freundin Jutta. Sie ist gerade von ihrer ersten Safari zurückgekehrt und eindeutig mit dem Namibiavirus infiziert. „Ich will das einfach verstehen – und ich google und google und finde immer nur Absichtserklärungen und Horrorszenarien aus Simbabwe und Südafrika, aber keinen Artikel, der mir kurz und knapp sagt: So ist es. Ich wüsste doch einfach gerne, ob ich das nächste Mal mit dem Besitzer der Gästefarm darüber diskutieren kann – oder ob ich lieber den Mund halte, weil er jeden Abend trauert, dass seine Tage in Namibia gezählt sind. Die Namibier haben ja ohnehin ein Problem mit uns deutschen Gutmenschen, da will ich mich nicht noch blamieren, weil ich alle Fakten durcheinanderbringe. Also, hast du was, was du mir schicken kannst?"

Ich starre auf den Bildschirm und auf Juttas E-Mail. Habe ich eine kurze Zusammenfassung über eines der wichtigsten und kritischsten Themen der namibischen Gesellschaft heute? Habe ich natürlich nicht. Könnte ich für sie schreiben, denke ich. Aber kann ich das wirklich? Kann ich mich über ein Thema auslassen, das mit meinem Alltag so wenig zu tun hat? Über das ich zwar immer wieder lese, aber nicht viel aus erster Hand weiß? So wie wir hier in Namibia nun mal leben, komme ich fast nur mit weißen Farmern zusammen, höre von ihren Problemen und Ängsten. Vielleicht muss ich mir gerade deswegen die Mühe machen – nicht nur für Jutta, sondern auch für mich. Damit ich nicht nur von den idyllischen Seiten des Farmlebens schwärme und das schwierige Thema, wem hier eigentlich was gehört, warum und wie lange noch, außen vor lasse.

Worüber reden wir also, wenn wir Landreform sagen? Ich habe auf Juttas Frage hin die wichtigsten Punkte in meinem persönlichen 1x1 der Landreform zusammengefasst. (Alle in der Wolle gefärbten Namibia-Kenner können jetzt ein paar Seiten weiterblättern.)

Ancestral Land

Die einheimischen namibischen Völker verloren große Teile des Landes, das sie traditionell als Privat- oder Stammesbesitz besessen hatten, in der Zeit, als Namibia 1884 zunächst deutsche Kolonie wurde und danach, als es von 1919 bis 1989 unter südafrikanischer Verwaltung stand. Zwar waren die deutschen Siedler die ersten, die Land erwarben oder erhielten, das vorher den einheimischen Stämmen gehört hatte, aber sie waren nicht die größten Profiteure. Wie die deutsche Historikerin und Leiterin des Nationalarchivs Brigitte Lau kurz vor ihrem Unfalltod im Jahr 1996 in einem Artikel im *Namibian* klarstellte, gehörten am Ende der Kolonialzeit 1914 rund 1.200 Farmen deutschen Siedlern. Das klingt zunächst viel, doch dieser Besitz machte zum Zeitpunkt der Unabhängigkeit 1989 nur rund 20 Prozent des Landes aus, das in der Hand von Weißen war. Siedler aus Südafrika erhielten ein weitaus größeres Stück des Kuchens. Nachdem die ehemalige Kolonie unter südafrikanische Verwaltung gestellt worden war, wurden zwischen 1920 und 1925 rund 1.300 Farmen mit rund 12 Millionen Hektar an arme Afrikaner (Buren) aus Südafrika gegeben, bis 1939 sogar rund 32 Millionen Hektar. Dazu kamen weitere 7 Millionen Hektar für ehemalige Soldaten, sodass Mitte der 1950er Jahre rund 50 Prozent des Farmlands im Besitz von „Boere", also von weißen afrikaansen Farmern, war. Natürlich wurde im Laufe der Zeit zwischen den weißen Farmern hin und her verkauft und so ergab sich zum Zeitpunkt der Unabhängigkeit 1989 folgende Verteilung: 1990 hielten weiße Landbesitzer Eigentumsrechte an 52 Prozent des landwirtschaftlich nutzbaren Bodens, während 48 Prozent in kommunalen Gebieten lagen, in denen mehr als die Hälfte der nicht-weißen Bevölkerung lebte.

Wenn ich mir diese Zahlen klarmache, kann ich nicht anders, als die Gründerväter der namibischen Republik zu bewundern für ihren Entschluss, dieses Ungleichgewicht nicht per Dekret und sofortiger Enteignung von heute auf morgen aufzuheben, sondern einen Schlussstrich unter die Ungerechtigkeiten der Vergangenheit zu ziehen und nach weniger drakonischen Lösungen zu suchen. Ein Grund war sicher der Wunsch nach einer nationalen Aussöhnung, nach einem friedlichen Landprozess. Hinzu kam die Einsicht, dass die Eigentumsverhältnisse vor der Kolonialzeit nicht mehr eindeutig zu klären waren. Fazit: Ansprüchen auf eine Rückgabe des Lands der Vorfahren (Ancestral Land, oft auch als „vorväterliches Land" bezeichnet) wurde eine Absage erteilt. Das Land gehörte dem, der zum Zeitpunkt der Unabhängigkeit einen Eigentumstitel dafür hatte.

Doch die rechtliche Lage erfasst nur selten die psychologische Situation. Klar ist, dass es eine tiefe Verbindung zum Land der Vorfahren gibt, besonders bei einigen Volksgruppen, und den Wunsch, dieses Land wieder zu besitzen. Ganz vom Tisch ist das Thema deshalb bis heute nicht. Immer wieder fordern insbesondere Hereros und Namas, die Volksstämme, die in der Kolonialzeit am meisten Land verloren haben, die Rückgabe angestammter Wohngebiete. Seit November 2018 ist nun eine Sammelklage der Hai//om, einer heute noch ca. 6.500 Menschen zählenden Gruppe der San/Buschmänner, beim namibischen Obergericht (*Supreme Court*) anhängig. Sie wollen eine Entschädigung für ihre Vertreibung aus dem Etosha Nationalpark, ihrem angestammten Wohngebiet, aus dem sie 1954 von der südafrikanischen Administration endgültig verbannt worden sind. Schon an diesem einen Beispiel sieht man, dass Landreform auch ein Thema für Touristen ist. Wer denkt schon bei der Fahrt von Wasserloch zu Wasserloch daran, dass hier einst Buschmänner lebten und davon profitierten, dass die natürlichen Wasserstellen das Wild anzogen. Und wer denkt daran, dass man ihnen für die Schaffung dieses Natur-Reservats die Lebensgrundlage entzog.

Keine Rückführung

Die Landreform sollte ein Mittel sein, den Anteil aller schwarzen Namibier am Landbesitz zu steigern. Von Anfang an war sie nicht als Ausgleich für die Landverluste konzipiert, die Herero und Nama vor der Unabhängigkeit erlitten hatten. Und so wird Land, das neu vergeben wird, nicht unbedingt Mitgliedern der Volksgruppen zugesprochen, die es einst verloren haben. Auch Ovambos, die in der Kolonialzeit nur wenig Land abtreten mussten, können sich um Farmen im ehemaligen Herero- bzw. Nama-Gebiet bewerben. Die offizielle Begründung ist, dass das Stammesdenken, der „Tribalismus“, im neuen Namibia keine Rolle mehr spielen soll und dass viele Ovambos bereits jahrelang in diesen Gebieten gelebt und gearbeitet haben.

Das Argument ist nachvollziehbar – aus Sicht der Regierung ist das Denken und Agieren in Stammesbezügen für die nationale Einheit äußerst hinderlich. Doch niemand kann bestreiten, dass die Mitglieder der Ovambo-Volksgruppe einen überproportionalen Anteil an wichtigen Regierungspositionen halten – und damit oft in einer „Pole Position“ sind für den Erwerb von frei werdendem Land. In Zukunft soll der Heimatbezug daher doch eines der Kriterien sein, wenn Farmen neu vergeben werden: Nach einer Resolution der zweiten Landkonferenz von 2018 sollen 70 Prozent des Landes an Mitglieder der in der Region vorherrschend ansässigen Volksgruppe gehen und nur 30 Prozent an Mitglieder anderer Ethnien.

Willing buyer, willing seller

Die Regel „willing buyer, willing seller“ ist ein Grundpfeiler der Landreform. Das Land gehört dem, der zum Zeitpunkt der Unabhängigkeit den Eigentumstitel hatte, und die Eigentumsrechte der Landbesitzer sollen respektiert werden. Doch ein Farmer, der verkaufen will, muss die Farm zunächst dem Staat anbieten – zum Marktpreis. So kann der Staat Land für seine Umverteilungsmodelle erwerben. Mittlerweile beklagen viele, dass dieses Prinzip nicht bzw. nicht schnell genug funktioniert. Es würden zu wenige Farmen angeboten, zu überhöhten Preisen oder die Verhandlungen zögen sich zu lange hin. Tatsache ist, dass der Staat bei Weitem nicht alle Farmen kauft, die auf den Markt kommen. Seit 1990 wurden der Regierung mehr als 5.600 Farmen angeboten, doch nur rund 550, also weniger als 10 Prozent davon, erwarb der Staat bzw. das Ministerium für Landreform. Warum? Weil sie zu teuer sind? Weil weiße Farmer überhöhte Preise verlangen, wenn sie verkaufen wollen? Das könnte ein Grund sein – aber die Regel ist es wahrscheinlich nicht. Zwei meiner Freunde haben in den letzten Jahren Farmen erworben – und das ist nur möglich, wenn die Regierung sie zuvor abgelehnt und einen sogenannten Waiver, eine Verzichtserklärung, ausgestellt hat. Und beide Käufer sind ganz normale Mittelschicht-Namibier gewesen, die einen Kredit aufnehmen mussten und nicht so viel Kapital zur Verfügung hatten, dass sie über dem Marktwert hätten kaufen können. Sie farmen jetzt und sind glücklich, aber hätten dort nicht auch schwarze Farmer farmen können? Ich gestehe, dass sich mir die Mechanismen nicht vollständig erschließen.

Affirmative Action Loans oder Resettlement

Es gibt zwei Modelle, mit denen schwarze Namibier ohne Besitz Land erhalten können. Sie können es kaufen und dabei „Vergünstigte Kredite zum Chancenausgleich" (*Affirmative Action Loan Scheme*) nutzen oder sich für das „Wiederansiedlungsprogramm" (*Resettlement*) bewerben. Käufer mit vergünstigten Krediten erhalten diese jedoch nur für den Erwerb der Farm und müssen sich darüber hinaus für die oft notwendigen Investitionen mit den hohen namibischen Kreditzinsen herumschlagen.

Teilnehmer des Resettlement-Programms erhalten nur das Nutzungsrecht für „ihr Land", keinen Eigentumstitel. Sie können es nicht als Sicherheit angeben und bekommen daher in der Regel keine Kredite. Doch auch Resettlement-Farmer bräuchten Kapital, um notwendige Investitionen vornehmen zu können: um Tiere anzuschaffen, für die Errichtung von Zäunen, Wasserpumpen und -leitungen etc. In der Folge vermieten viele Resettlement-Farmer ihr Land – unter der Hand, da illegal – den weißen Nachbarfarmern als Weidefläche, weil sie es aufgrund fehlenden Investitionskapitals nicht selbst wirtschaftlich nutzen können. Hinzu kommt, dass nur ein kleiner Teil der Resettlement-Farmer etwas von Landwirtschaft und Viehzucht versteht.

Fast unisono wird beklagt, dass es für Neu-Farmer – ob Affirmative-Action- oder Resettlement-Farmer – keine bzw.

keine ausreichenden Ausbildungsprogramme gibt. Doch Affirmative-Action-Farmen werden nicht nur von engagierten Neu-Farmern gekauft, sondern auch von Mitgliedern des Regierungsapparats, die sich ein prestigeträchtiges Stück Land sichern, wenn es dem Ministerium für Landreform angeboten wird.

Die Umverteilung von Land soll Ungerechtigkeiten abbauen, doch für die gesamtwirtschaftlichen Ziele des Landes ist sie Gift. Auch führende Politiker räumen ein, dass die Umverteilung von Land dazu führt, dass die Produktivität sinkt. Schon 2007 gab Premierminister Nahas Angula in einem Interview an, dass beispielsweise die Fleischproduktion um mehr als 10 Prozent zurückgegangen sei. Wachstum könne nur erfolgen, wenn die Produktionszahlen steigen, und dies sei nicht möglich, solange die Neu-Farmer nicht besser unterstützt werden.

Enteignungen

Im Oktober 2018 eröffnete Präsident Geingob die zweite Landkonferenz mit einem Paukenschlag: Das Prinzip „willing buyer, willing seller" funktioniere nicht. Es müsse in Zukunft auch darüber nachgedacht werden, zum fairen Marktpreis zu enteignen. Ob dieser Ankündigung konkrete Schritte folgen, wird sich zeigen. Enteignungen waren schon immer möglich – im öffentlichen Interesse und gegen eine faire Entschädigung, doch es gab nur wenige in den Jahren nach der Unabhängigkeit. Gerade mal sieben Farmen wurden bisher enteignet gegen eine Entschädigung, die der Staat als marktgerecht bezeichnete und mit der sich die Eigentümer schließlich zufriedengeben mussten. Es gab auch Klagen der Farmer gegen geplante Enteignungen, von denen einige erfolgreich waren.

Von Anfang an stand das Eigentumsrecht an „übermäßigem Landbesitz“ (*excess land*) in der Kritik. Dabei geht es in der Regel um den Fall, dass eine Person mehrere Farmen besitzt und nicht etwa eine sehr große. Problematisch ist auch das Eigentumsrecht von Farmbesitzern mit Wohnsitz im Ausland, die ihre Farm nicht selbst bewirtschaften. Doch klare Kriterien für die Notwendigkeit einer Enteignung sind schwer zu finden. „Öffentliches Interesse“ ist ja ein ziemlich weit gefasster Begriff. Doch nirgendwo – weder in den Medien noch auf den offiziellen Webseiten von Regierungsorganen oder Forschungsinstituten – entdecke ich eine Liste oder Ähnliches mit Kriterien, die zur Enteignung von Farmland führen. Nun will ich gerne zugeben, dass ich mich vielleicht gar nicht so versiert im Internet bewege, wie ich immer dachte, oder dass es informelle Quellen gibt oder nicht öffentlich zugängliche, die ich nicht gefunden habe. All das ist möglich, doch mir hat diese vergebliche Suche vor allem eines gezeigt: Die Unsicherheit und Angst, die ich immer wieder spüre, wenn das Thema Landreform bei weißen Farmbesitzern angesprochen wird, ist verständlich. Auch sie haben vielleicht den Eindruck, dass es keine klaren Regeln gibt – und wo die fehlen, ist Raum für Willkür, setzen Argwohn und Spekulationen ein. Ach ja, und hinzu kommt die Frage, wie der Apparat die Vorschriften wohl auslegt. Eine der bekanntesten lautet ja, dass nur namibische Staatsbürger Land besitzen oder erwerben können. Kaufen sie als Teil einer Investorengemeinschaft, muss der Namibier mindestens

51 Prozent daran halten. Doch unlängst ging durch die namibischen Gazetten, dass ein russischer Milliardär vier Farmen gekauft habe. Er habe sie anschließend dem namibischen Staat „gestiftet" und für 99 Jahre zurückgemietet. Ein wirklich ausgeklügeltes Manöver.

Die Farm Ameib, eine im Markt gut eingeführte traditionelle Gästefarm, im Erongo gelegen und mit ihren spektakulären Granitformationen einer meiner Lieblingsorte in Namibia, gehört kurzzeitig dem Staat, weil Kai-Uwe Denker, der die Farm von der langjährigen Betreiberin Waltraud Kögl gekauft hatte, sich einen südafrikanischen Partner ins Boot holte. Beide hielten je 50 Prozent – und das ist eindeutig illegal. Landbesitz muss mehrheitlich in namibischer Hand sein, sonst fällt er an den Staat. Wieso der ansonsten mit allen Wassern gewaschene Denker das übersehen konnte, fragten sich viele – und manche gönnten ihm vermutlich auch das Desaster. Hatte er doch kurz vorher versucht, Löwen im Erongo anzusiedeln, die er seinen Jagdgästen als Trophäen anbieten wollte. Inmitten von Dörfern, Campingplätzen, Wanderwegen. In seltener Einigkeit waren Nachbarfarmer und Communities aufgestanden und dagegen vorgegangen. Doch dann schien sich die Lage zu klären, wenn auch anders als erwartet: Löwen weg. Denker weg. Lodge geschlossen. Arbeitsplätze weg. Einer der schönsten Plätze Namibias war verwaist. Und ich fragte ich mich, ob es gelingen würde, einen touristisch erfahrenen Investor aus dem Kreis der ehemals benachteiligten Namibier zu finden, oder ob der Staat darauf verzichten würde, diese Perle in das Umsiedlungsprogramm zu integrieren. Letzteres war offenbar der Fall, Denker konnte seinen Anteil von dem Südafrikaner zurückerwerben und plant die Wiedereröffnung der Lodge. Damit hat Ameib Glück gehabt, denn es gibt berechtigte Zweifel an den Zukunftsaussichten eines Betriebs, wenn er mehr ist als nur Weideland für Rinder, Schafe oder Ziegen. Der Farmer Rolf Heiser hatte auf Hartebeest-Süd 6.000 Olivenbäume gepflanzt, hatte sie hochgepäppelt, bis sie Früchte trugen und noch 2008 diplomatisch gesagt, dass er es mit Martin Luther halte. Der hätte auch noch ein Apfelbäumchen gepflanzt, wenn die Welt untergehe. Bei ihm seien es eben Olivenbäume. Tapfere Worte, wenn man bedenkt, wie viel Mühe und Liebe es sicher gekostet hat, diese 6.000 Bäume heranwachsen zu lassen – vom investierten Kapital ganz zu schweigen. 2015 wurde seine Farm tatsächlich an den Staat verkauft und heute, etwas mehr als drei Jahre später, sind nach Recherchen des *Namibian* alle Bäume tot, die Farm verwaist, die Lodge geschlossen. Die *Namibian Central Intelligence Services* (NCIS) sei wohl der neue Eigentümer der Farm, vermuten die Reporter aufgrund ihrer Recherchen. Eigentlich ist es ja auch egal, denke ich, ob hier ein Minister, ein Verwandter eines hohen Beamten oder der Geheimdienst zugegriffen hat. Der Statistik wurde Genüge getan – ein Objekt mehr ist von weißen in schwarze Hände übergegangen. Doch ist es weder Heimat noch Wirtschaftsgrundlage oder Arbeitgeber für irgendjemanden. Nur einfach eine vertane Chance – oder vielleicht sollte man sagen: eine Schande fürs System.

Natürlich kann ich fast jede Woche etwas über die Landreform in der Zeitung lesen. Besonders jetzt, 2018, wo die zweite Stufe der Reform „gezündet" werden soll und ein Meeting das andere ablöst. Ich rede mit meinen Freunden darüber und versuche, mir ein Bild zu machen, das differenzierter ist – und weniger emotional als das der meisten Namibier mit heller Haut. Es ist ja verständlich, dass unter den weißen Farmern die Angst umgeht. Nicht viel spricht dafür, doch wer kann sich ganz frei machen von der Sorge, eine Enteignungswelle à la Mugabe würde in der einen oder anderen Form auch nach Namibia „überschwappen". Und dann sind da die Leserbriefe bzw. Leser-SMS, E-Mails oder Whatsapps im *Namibian*, mit denen andere sich zu Wort melden, „formerly disadvantaged Namibians", von denen viele „still disadvantaged" genannt werden müssten.

Wenn ich diese Postillen lese, bekomme ich manchmal eine Gänsehaut. So viel Wut und auch Verzweiflung bricht sich da Bahn. „Warum ist es immer noch nicht gerechter?", fragen sie. „Warum haben noch immer die anderen das Land? Warum tut die Regierung nichts bzw. warum tut sie nicht mehr?" Und vor allem: „Warum tut sie nichts, um uns zu helfen, uns, denen es noch immer so schlecht geht – fast dreißig Jahre nach der Unabhängigkeit?"

Wenn ich beim Braai mit meinen Freunden darüber sprechen will, finde ich nur selten Verständnis für die Forderungen der schwarzen Mitbürger und für meine Zweifel. Auch ihre Gespräche kreisen immer wieder um die gleichen Fragen: Warum sehen die nicht, dass wir das Land ernähren mit unseren Produkten und dass wir Arbeitsplätze schaffen? Warum machen die Gesetze, mit denen die Landwirtschaft den Bach runtergeht – und irgendwann dann ein Großteil der namibischen Wirtschaft? Warum sehen die nicht: Dies ist auch unser Land! Wir sind seit vier (oder fünf oder sechs) Generationen hier. Wir lieben dieses Land auch. Wir pflegen es, wir dienen ihm. Wir wollen nur das Beste für dieses Land. Warum, warum, warum ...

Und das bringt mich zu einem Aspekt der ganzen Frage, der vielleicht zu wenig gesehen oder beachtet wird – der Liebe. Sie alle lieben dieses Land, die schwarzen, die braunen und die weißen Namibier.

This land is my land

Schon vor rund zehn Jahren hat die namibische Farmerin und Autorin Erika von Wietersheim dieses Gefühl aufgegriffen und für die Friedrich-Ebert-Stiftung ein Buch verfasst unter dem Titel *This land is my land*, in dem sie über „motions and emotions", über Geschehen und Gefühle, rund um die Landreform berichtet. Jahrelang hatte sie mit ihrer Familie auf einer Farm bei Kalkrand gelebt und sich dort bemüht, die Zukunftsaussichten der Farmarbeiter zu verbessern. Eine ungewöhnliche und schwierige Aufgabe in der Apartheid-Zeit, in der vieles nicht möglich war, was zur Gleichstellung der Volksgruppen beigetragen hätte. Sie entschied sich dafür, Schulden zu erlassen, Verantwortung zu übertragen und vor allem Perspektiven zu schaffen durch eine Schule für die Farmkinder. Erika von Wietersheim versuchte, neue Wege zu gehen und in kleinen Schritten, in homöopathischen Dosen sozusagen, die Menschen in ihrer unmittelbaren Umgebung auf eine neue Zeit und ein neues, demokratisches Namibia vorzubereiten.

Vielleicht wollte sie sehen, was sich verbessert hatte in knapp zwanzig Jahren Unabhängigkeit und wie es auf anderen Farmen aussah, als sie 2008 fünfzig Interviews führte mit Farmern und Farmarbeitern, mit Neufarmern, aber auch mit Mitgliedern der Regierung, Gewerkschaften, Kirchen. Vor allem aber ließ sie in ihrem Buch die Menschen selbst zu Wort kommen. Die Interviews gingen mir mit ihrer Ehrlichkeit und Direktheit unter die Haut. Einige Aussagen habe ich nie vergessen, und sie haben mein Verständnis von dem, was die Menschen in der Landfrage wirklich bewegt, mehr geprägt als alles andere, was ich zu diesem Thema gelesen oder recherchiert habe. Da dieses Buch inzwischen vergriffen ist und nur noch in Bibliotheken zur Verfügung steht, habe ich mich entschlossen, an dieser Stelle Auszüge aus den Interviews wiederzugeben und zusammenzufassen.

Für viele geht es um mehr als nur Land, es geht um Heimat

„Ich habe eine gute Arbeit, aber ich habe kein Zuhause", so Farmarbeiter David Kheiseb im Interview. Die Arbeit auf einer Farm – sei sie auch noch so gut – führt nicht dazu, dass man sich dort zu Hause fühlen kann. Jederzeit kann das Wohnrecht enden und man muss gehen. Doch auch eine Resettlement-Farm vermittelt vielen kein Heimatgefühl. „Dieses Land gehört der Regierung. Sie haben es uns für 99 Jahre gegeben, aber es gehört uns nicht, wir können es nur nutzen und müssen dafür sorgen." (Mr. und Mrs. De Vries, Resettlement-Farmer)

Am stärksten berührte mich das Interview mit der Farmarbeiterin Selma Tiboth. Auf die Frage: „Ihre Kinder und die Kinder der Farmbesitzer sind zusammen hier aufgewachsen. Gibt es einen Unterschied darin, wie sie über dieses Land fühlen?", antwortete sie:

„Ja, es gibt einen großen Unterschied. Meine Kinder wussten von vornherein, dass ich, ihre Mutter, hier nur zum Arbeiten bin. Die Kinder der Farmbesitzer gehen irgendwann nach der Schule zum Studium ins Ausland, aber eines Tages kehren sie auf die Farm zurück und wissen, dies ist ihr Platz. <...> Die Kinder der Farmbesitzer wissen, dass dies ihr Zuhause ist und sie sind glücklich. Aber meine Kinder wissen, wenn sie groß sind, müssen sie weggehen.

<...> Sie können dann nur noch zu Besuch kommen. <...> Und ich mache mir Sorgen, dass ich sie nicht in der Nähe haben und aufpassen kann, dass sie keine schlimmen Sachen machen. Vielleicht nehmen sie Drogen oder werden kriminell – und ich kann nichts machen, denn sie dürfen nicht bei mir wohnen."

Nicht nur ich als Zugereiste fühle mich betroffen, wenn ich das lese. Auch viele weiße Farmer in Namibia wissen, dass für dieses krasse Ungleichgewicht, diese Benachteiligung des „Heimatrechts" für die Kinder schwarzer Angestellter, in einem neuen Namibia eine Lösung gefunden werden muss. Kristine Voigts, von der Farm Krumhuk südlich von Windhoek, sagte dazu im Interview mit Erika von Wietersheim: „Es ist doch so: Ein Teil der Menschen, die auf dieser Farm arbeiten, leben schon genauso lange hier wie Ulfs [Kristines Ehemann und Besitzer der Farm] Familie, und deren Kinder sind auch schon in der vierten Generation auf Krumhuk, genauso wie unsere. Warum sollten aber unsere Kinder ein größeres Recht haben, hier zu bleiben und zu leben? <...> Früher wurden die Kinder

der Farmangestellten mit 18 Jahren weggeschickt, es sei denn, sie arbeiteten als Farmarbeiter auf der Farm und der Sohn des Besitzers übernahm die Farm. Wenn wir heute nach Leistung und Fähigkeiten entscheiden, wer hier leben darf und wer nicht, dann wird das sehr schwierig; aber da müssen wir hinkommen. Wir können nicht sagen, unser Sohn bekommt die Farm und der Rest muss weg. Das geht heute nicht mehr, und da müssen wir ganz neu denken."

Vielleicht spielt dieser Aspekt in unserer Diskussion über die Landreform eine untergeordnete Rolle, weil so viele in den entwickelten Gesellschaften diese enge Bindung an den Geburtsort, an eine einzige Heimat, verloren haben. Auch in der deutschen Landbevölkerung findet man mit Sicherheit dieses Gefühl, über Generationen mit der Erde, der „Scholle", verbunden zu sein, verwurzelt mit einem ganz konkreten Ort. Doch für viele heutige Städter ist es normal geworden, sich selbst und ihre Familien immer wieder zu verpflanzen. „Home is where the heart is" – oder: wo ich studiert habe, wo die Arbeit mich hinführt, wo ich mir ein Haus leisten kann. Nur für wenige ist Heimat noch der Ort der Kindheit. Und auch in Deutschland verlassen viele nicht freiwillig die Heimatregion, sondern folgen den Arbeitsmöglichkeiten in die Städte oder – im Fall der neuen Bundesländer – in den Westen.

Die aus den ehemaligen deutschen Ostgebieten Vertriebenen hatten ebenfalls erfahren, wie es ist, wenn man das Land, auf dem man geboren wurde, verlassen muss, ohne etwas dagegen unternehmen zu können und ohne Chance auf Wiederkehr. Viele von ihnen sind nach

Namibia gegangen, um dort nach dem Verlust der ostpreußischen Weiten wieder Landwirtschaft in großer, unberührter Natur zu betreiben. Ob sie wohl aufgrund dieser eigenen Erfahrung mehr Verständnis aufbringen können für den Wunsch der schwarzen Namibier, endlich wieder ein Eigentumsrecht auf ihren Geburtsort zu haben?

Heimat kennt keine Hautfarbe

Kaum einer bezweifelt die enge Bindung der weißen Namibier an ihr Land. „Land hat eine Art, dir unter die Haut zu gehen. Du arbeitest auf dem Land, du nutzt es so oder so und es wird zum Teil deiner Persönlichkeit. Dies hat nichts mit der Hautfarbe zu tun. Wir alle sprechen eine Sprache: Farmen", sagte dazu Solomon Tjipura vom *Namibian Emerging Commercial Farmers Forum* (NECFF). Und wieder erlebe ich eine Überraschung: Assaph Kandjeo, Herero, Farmer und Pastor, bestritt, dass sein Volk eine enge Bindung an das Land habe. Diese Bindung gebe es bei den Ovambos und auch bei den Weißen – doch die Hereros hätten diese Bindung nur zu ihren Rindern. Wo immer Wasser und Weide sei, da sei es gut – und man folge eben dem Regen. Aus diesem Grund habe man auch traditionell keinen Ahnenkult an den Gräbern gehabt. Erst seit 1946 Chief Maharero aus Botswana zurückgebracht und hier begraben worden sei, erweise man den Gräbern ihren Respekt, indem man sie berühre. Doch das sei eine politische Entscheidung gewesen, keine alte Tradition.

Ich mag es kaum glauben, spielt doch dieses Recht, die Gräber der Ahnen zu besuchen, eine so große Rolle in der öffentlichen Diskussion um das Unrecht in der Kolonialzeit.

Armut sucht Heimat

Traditionell war Land die Lebensgrundlage, der Schlüssel zur Existenzsicherung – einer Existenz auf oft sehr niedrigem Niveau und fast immer von Dürren bedroht, doch in den Köpfen vieler armer Namibier ist die Vorstellung verankert, dass der Weg aus der Armut heraus nur über die Rückgewinnung von Land bzw. über Landbesitz möglich ist. Ich kann mir gut vorstellen, dass die Menschen in den Informal Settlements vor ihren Hütten sitzen und überlegen, wie es nur irgendwie gelingen kann, Geld zu verdienen, und sich an die Zeiten auf dem Dorf erinnern – an die guten alten Zeiten, von denen die Großmutter erzählt. Von einem Leben, in dem einem die Hütte gehört – oder zumindest der Familie – und in dem der Lebensunterhalt durch die eigenen Tiere gesichert ist. Doch selbst wer sich für das Resettlement qualifiziert, ist oft nicht mehr darauf vorbereitet, den harten Alltag des Landlebens zu bewältigen. Ganz zu schweigen davon, dass ihm häufig die nötigen Kenntnisse fehlen, um als ländlicher Kleinunternehmer erfolgreich zu werden. Resettler müssen mehr erwirtschaften als sie verbrauchen, um Kapital für Investitionen ansparen zu können oder zumindest als Basis für die Kreditvergabe. Wer als Resettler investieren muss und keine Kredite bekommt oder aus anderen Gründen scheitert, kehrt zurück in das kommunale Gebiet, aus dem er aufgebrochen ist – als Versager. Erweist man nicht der Bevölkerung ohne Landbesitz einen Bärendienst, wenn man sie unvorbereitet in diese Situation entlässt?

Für die junge Bevölkerung sieht die Sache anders aus. Viele gut ausgebildete junge Namibier sehen, dass es andere Wege gibt, einen sicheren und besseren Lebensunterhalt zu verdienen als mit der Landwirtschaft. „Um zu farmen musst du entweder sehr reich sein – oder sehr dumm", sagte Solomon Tjipura. Andere, wie der Enkel von Bishop Kameeta, heute Minister für *Poverty Eradication and Social Welfare*, sehen ihr Land hauptsächlich als Mittel zum Zweck: „Wenn ich groß bin, baue ich dort eine Lodge." – Das Leben auf dem Land, die Verbindung zur „Scholle", spielt für einige aus der jüngeren Generation offenbar eine geringere Rolle.

Überraschenderweise waren manche der befragten Farmarbeiter misstrauisch gegenüber schwarzen Neu-Farmern. Auf die Frage, ob sie lieber für weiße oder schwarze Besitzer arbeiten würden, gab es ein klares Votum für die weißen Farmer. Sie bezahlten besser bzw. fairer und bei Problemen könne man sich immer an die Gewerkschaft wenden. Einen reichen schwarzen Farmer hingegen, der dicke Autos fahre, aber seine Leute nicht fair bezahle, den fasse auch die Gewerkschaft nicht an ... (Selma Tiboth)

„Jeder Mensch braucht einen Platz zum Leben", sagte Willem Konore, Minister für Umwelt und Tourismus, 2007 in einem Interview. „Ich gebe zu: Es wird niemals möglich sein, dass alle 2 Millionen Namibier eine Farm besitzen. Farmer sollten Farmen bekommen und nicht einfach jedermann. Aber alle Bürger sollten einen Platz zum Leben haben. Dann wäre meiner Meinung nach die Landfrage angemessen behandelt." Er ist nicht der einzige politische Entscheidungsträger, der das erkannt hat, und so war es nur folgerichtig, dass auf der letzten Landkonferenz auch das Thema des bezahlbaren Wohnraums behandelt wurde. Heimat, Wohnraum, ist ein Menschenrecht. Ein Platz, an dem ich sicher bin und an dem meine Kinder jederzeit sicher mit mir leben können, wenn sie dies wünschen. Wenn das auch in den Städten möglich wäre und wenn in den Städten die Möglichkeit bestünde, einen sicheren Lebensunterhalt zu verdienen, wenn der, der farmen will, lernen könnte, wie das erfolgreich gelingt und Übergangshilfen bekäme, und wenn Land wirklich denen zugesprochen würde, die sich nach dem Land sehnen und nicht nach dem Ansehen, das es bringt – vielleicht könnten dann Farmer in Ruhe und mit gesicherter Zukunft farmen und ihren Beitrag zur Entwicklung Namibias leisten. Vielleicht.

Stars für eine Nacht

Wo man in Windhoek Glitzer und Glamour erleben kann und was die „Celebrities" im normalen Leben tun.

Die Zuschauer stehen dicht gedrängt und recken ihre Hälse, in der Hoffnung, den besten Blick auf die Ankommenden zu erhaschen. Den Frauen im Publikum geht es dabei in erster Linie um die Kleider. Wer wird was tragen? Wird es in diesem Jahr noch überraschendere, vielleicht unerhörte Kreationen geben? Und neue Frisuren? Werden Hairstylings gezeigt, die den Stil der Kleider unterstreichen? Die Männer dagegen lauern auf etwas ganz anderes: Wird man den neuen Audi sehen? Den Ferrari oder gar den Maserati?

Und da kommen sie schon. Die ersten Ankömmlinge dienen wohl als Warm-up. Aus einem Audi A6 entsteigt sie im frechen Kleinen Schwarzen, er im taillierten Abendanzug mit Weste, beide mit blauen Strähnen im Haar – ganz hübsch, aber nicht das, auf das hier alle gewartet haben. Doch nur wenig später geht es richtig los: Ein tiefes Dröhnen fährt den Wartenden durch Mark und Bein und dann schiebt er sich majestätisch durch die Mauern der Wartenden: ein schwarzer Maserati. Noch einmal dröhnen die zwölf Zylinder des Boliden – ein kollektives Stöhnen geht durch das versammelte männliche Publikum – und er stoppt vor dem roten Teppich. Der Chauffeur in weißem Hemd und schwarzer Hose springt heraus und öffnet den hinteren Schlag: Lässig steigt „Er" aus. Ist das ein Armani-Anzug? Wenn nicht, dann sitzt er wie einer. Vielleicht der Entwurf eines talentierten aufstrebenden Designers? Der junge Mann geht einmal um den Wagen herum – nicht ohne lächelnd in die Menge zu blicken. Er weiß, dass jetzt alle Augen auf ihm ruhen. Nun öffnet er den anderen hinteren Schlag, reicht eine Hand hinein und – ein erwartungsfrohes Seufzen scheint durch die Menge zu gehen – ein langes, schlankes Bein in goldenen Stilettos erscheint, es folgt ein Hauch glitzernder Goldlamé und dann entsteigt „Sie" dem Maserati. Mit hoch erhobenem Kopf ignoriert sie die Umstehenden und schreitet zum roten Teppich, während er noch schnell die Schleppe ihres goldenen Gewands zu ordnen versucht. Nun wirft sie doch noch einen Blick in die Runde. Seht her, scheint sie zu sagen, hättet ihr das gedacht?, bevor sie gemessenen Schrittes auf das Begrüßungskomitee und die Fotografen zugeht.

Schon dröhnt es wieder – und erneut geht ein kollektives Aufstöhnen durch die Menge. Ein Ferrari bringt das nächste Paar. Sie trägt ein silbrig-weiß glitzerndes Etuikleid, das knapp bis zur Mitte des Oberschenkels reicht und ihre wohl geformten Beine perfekt in Szene setzt. Er hat sich dazu in ein Outfit gewagt, das an einen Gangsta-Rapper erinnert: schwarzer Anzug, schwarzes Hemd, dicke Silberkette, Undercut und Sonnenbrille. It's never too dark to be cool, muss ich denken, als die beiden die Treppe hinaufschreiten, ohne die wartende Menge auch nur eines Blickes zu würdigen.

Wo sind wir?, werden Sie fragen. Sind wir bei der Verleihung des namibischen Filmpreises? Bei der Kür von *Miss Namibia* oder gar bei *Namibia sucht den Superstar*?

Nein. Wir stehen vor dem Nampower Convention Center und schauen zu, wie die Abschlussklasse des St. Paul's College, eine der ältesten englischsprachigen Privatschulen Namibias, zu ihrem Abschlussball vorfährt. 18-jährige Schüler in Abendroben und mit Luxuskarossen bieten für anderthalb Stunden einen Anblick, wie ihn kaum ein roter Teppich in Berlin vorweisen kann. Und die Show geht weiter. Luxuskarosse reiht sich an Luxuskarosse, Designerrobe an Designerrobe. Viel Goldlamé und Silberglitter, aber auch große elegante Abendkleider im Stil der 50er und 60er Jahre. Hätte ich nicht die Befürchtung, meine Leser mit weiteren Beschreibungen zu langweilen, könnte ich noch Seite um Seite damit füllen.

Zu meiner Freude gab es nicht nur Protz und Prunk – einige Teilnehmer hatten das Motto, mit besonderen Wagen vorzufahren, auch humorvoll interpretiert. Und so schob sich ein VW-Käfer mit Surfbrett auf dem Dach durch die Menge, ein anderes Paar erschien auf der Ladefläche eines alten Farmbakkies – ebenfalls ein Klassiker, erfuhr ich von meinem Nachbarn in der Menge – wo sie auf einem Heuballen eine kleine Champagner-Bar aufgebaut hatten. Grinsend sprang er herunter und breitete die Arme für sie aus, damit sie sich filmreif hineinfallen lassen konnte. Und nun hielt es das Publikum nicht mehr auf seinen Plätzen. Eine ältere Nama-Frau im Festgewand löste sich aus der Zuschauermenge und tanzte hinter den Paaren her bis zur Treppe, wo sie sich tief verneigte. War diese königliche junge Frau an der Seite des schlanken blonden Jungen vielleicht ihre Tochter? Denn erfreut und etwas erstaunt hatte ich festgestellt, dass es einige Paare mit unterschiedlicher Hautfarbe gab, noch immer eine Seltenheit in diesem Land. Und nicht nur das, auch zwei junge Männer gingen Hand in Hand die Treppe hinauf – der eine in einem pfauenblauen Satinanzug, den Elton John nicht zurückgewiesen hätte, der andere im dezenten schwarzen Zweireiher. Die sind aber mutig, schoss es mir durch den Kopf, als ich auch schon von meiner Freundin darüber aufgeklärt wurde, dass dieser junge Mann vermutlich – nein, eigentlich sicher – homosexuell sei und dass das auch alle wüssten. Hier an seiner Seite laufe aber lediglich ein Kumpel, der sich bereitgefunden habe, bei dieser Show so zu tun als ob. Denn genau das sehen wir hier: eine große Show für die Absolventen selbst und für ihre wartenden Verwandten und Bekannten. „Oh, she is doing what we all should be doing!", seufzte eine junge Frau neben mir, als die Nama-Frau zu tanzen begann. „Wir sollten unbedingt tanzen!"

Aber der Funke sprang doch nicht richtig über, nur die Füße zuckten. Und vielleicht war das auch gut so, denn sonst hätte dieses Spektakel sicher noch länger gedauert, und wir durften ja nicht vergessen, dass wir nur Zeugen des Auftaktes waren – der eigentliche Event fand drinnen statt, hinter verschlossenen Türen, nur für Eltern und geladene Gäste mit Eintrittskarte.

Ich kann mir vorstellen, dass der ein oder andere Leser an dieser Stelle sagen wird: „Klar, da sieht man mal wieder, wie ungleich die Verhältnisse in Namibia noch immer sind. Die Weißen lassen ihre Kinder übertriebene Feste feiern, während es so vielen anderen im Land derart schlecht geht!" Und diese Leser hätten recht mit dem Hinweis auf die Ungleichheit, wenn auch nicht mit ihrer Vermutung, dass sich hier die weiße Mittelschicht des Landes tummelt, mit ein paar Alibi-Schülern anderer Hautfarbe. Die überwiegende Mehrheit der Schüler hatte dunkle Haut, es waren vielmehr ein paar weiße „Alibi-Mitschüler" dabei. Oder anders gesagt: Der ethnische Mix entsprach der Verteilung im Land: 6 Prozent Weiße gibt es in Namibia und das entspricht in etwa ihrem Anteil an dieser Abschlussklasse. An der Deutschen Höheren Privatschule, DHPS, der deutschen Auslandsschule in Namibia, wo der Anteil der deutschstämmigen Kinder naturgemäß deutlich höher ist, war die Abschlussfeier weit bescheidener ausgefallen. Anke, die den Auftakt beider Veranstaltungen gesehen hatte, kommentierte nur trocken: „Das bei der DHPS kam nicht annähernd ran an dieses Aufgebot hier. Ja, da gab's ein paar schöne Autos und ganz nette Kleider. Aber dies hier, das ist ja wie Hollywood!"

Auch in Deutschland hat sich der aus den USA importierte Trend zu pompösen Abiturfeiern durchgesetzt. In den frühen 1980er Jahren hatten für mich Jeans und ein schönes neues T-Shirt vollkommen gereicht, um mich für die Scheunenparty, das ausgelassene Ende der Schulzeit, auszustaffieren. Aber diese Zeiten sind vorbei. Heute gibt es Abibälle, aufwendige Kleider und Frisuren und vielleicht auch das eine oder andere schicke Auto, das für den Abend ausgeliehen wird. Schmunzelnd denke ich an das verzweifelte Gesicht meiner Schwester, die zur Abiturfeier ihres jüngsten Sohnes ein passendes Abendkleid suchte – ein Kleidungsstück, das sie noch nie zuvor in ihrem Leben benötigt hatte.

Doch hier in Namibia fällt mir angesichts der großen Armut, in der so viele Namibier leben, der zur Schau gestellte Luxus noch stärker auf, und ich stelle mir die Frage, wer wohl diese Kinder sind, die hier feiern, als lebten sie auf einem anderen Planeten, die sich geben, als spielte Geld keine Rolle, als wäre der schöne Schein, der Genuss an diesem Abend das Wichtigste. Doch vielleicht tue ich ihnen Unrecht. Wie viele der rund hundert Schüler dieses Events werden wohl ein Leben führen, in dem Glamour, schöne Kleider und teure Autos eine große Rolle spielen? Die Luxuskarossen sind gemietet, die Kleider vielleicht auch, und selbst wenn vermutlich viele der Kinder, die an diesem Abend an mir vorbeidefilieren, aus der neuen schwarzen Oberschicht stammen, wird doch der Alltag die meisten einholen. Sie werden studieren, in Namibia oder Südafrika, werden Ausbildungen machen und versuchen, in den Banken und den Staatsunternehmen Positionen mit Aufstiegschancen zu ergattern. Viele der Frauen werden vermutlich versuchen, eine Position zu finden, bei der sich ein gut situierter Ehemann ergattern lässt. Und heute feiern sie nun, mit allem Drum und Dran und vor allen Freunden. Sie zeigen, was sie haben, lassen es richtig „krachen". Verständlich, finde ich es, oder eher menschlich.

Aber dann muss ich an Rebekka denken, ein junges San-Mädchen, die ich beim letzten *Namibian Women Summit* kennengelernt habe. Sie ist von einer Hilfsinitiative aufgenommen worden und hat dort jetzt auch einen Schlafplatz bekommen. Dadurch hat sich ihr Schulweg auf 45 Minuten – zu Fuß – verkürzt. Vorher war sie sommers wie winters zwei Stunden zur Schule gelaufen und abends zwei Stunden wieder zurück. Sie ist gut in Mathematik und will Buchhalterin werden, denn „die werden immer gebraucht und dann hat man ein sicheres Einkommen". Rebekka hat einen ganzen bitterkalten namibischen Winter ohne Pullover, nur im T-Shirt in ihrer Schule in Khomasdal gesessen, weil man ihr den Pulli gestohlen hatte und andere Kleidungsstücke als die Schulpullover nicht erlaubt waren. Wie muss dieses zarte, dünne Mädchen gefroren haben, monatelang, bis eine mitleidige Altkleiderhändlerin ihr eine gebrauchte Schuljacke schenkte. Was Rebekka wohl gesagt hätte, wenn sie mit mir vor dem St. Paul's College gestanden und diese Show von Protz und Prunk gesehen hätte? Wäre sie neidisch gewesen? Hätte sie diese Verschwendung verurteilt und die Schüler kritisiert, weil sie so wenig an andere und so sehr an ihren eigenen Genuss denken? Oder hätte sie sich diese Show angeschaut wie eine Fernsehserie, wie etwas, das nichts mit ihrem eigenen Leben zu tun hat? Für die Menschen in Katutura ist das Leben ihrer begüterten Landsleute so fremd wie das auf einem fernen Planeten. Doch der liegt nur 20 Taximinuten entfernt.

Can I have a Tüte, please?

Warum Müll selbst in einem dünn besiedelten Traumland ein Thema ist – und warum es Hoffnung gibt, dass Namibia es besser macht.

Von meinem ersten Aufenthalt in Namibia brachte ich die lustige Geschichte mit, wie ich bei *Superspar* in der Maerua Mall an der Kasse stand und die stattliche, in farbenprächtige Gewänder gekleidete Afrikanerin vor mir sagte: „Can I have a Tüte, please?" Ich hatte schmunzeln müssen, darüber, dass die deutsche „Tüte" in den Wortschatz dieses afrikanischen Landes eingegangen war. Aber das war auch kein Wunder, denn die kleinen dünnen Plastiktüten waren allgegenwärtig. Nach jedem Wocheneinkauf bei *Spar* stapelte die Packhilfe, die an der Kasse für uns den Einkauf verstaute, Dutzende dieser Tüten in unseren Einkaufswagen, um sie gegen ein kleines Trinkgeld zu unserem Auto zu bringen und dort einzuladen. Die meisten der Tüten waren nur halb gefüllt, denn der Packer wollte verhindern, dass sie reißen. Zu Hause stopfte ich diesen Berg zerknüllter Plastiktüten in einen Behälter unter der Spüle. Wenn Naomi oder der Mann an meiner Seite mal Langeweile hatten, nahmen sie sich die Tüten vor und falteten sie nach einem ausgeklügelten System säuberlich zu kleinen, festen Dreiecken. Diese Tüten-Dreiecke wurden dann wieder aufbewahrt, bis wir auf Tour gingen. Denn auf Tour sind Plastiktüten besonders praktisch. Man kann seine Sachen darin trocken lagern und sie für Schmutzwäsche verwenden, kann Esswaren darin horten, Abfälle entsorgen, gefundene Steine, Früchte oder Andenken darin sammeln. Kurz, man kann eine Menge Plastiktüten gebrauchen auf so einer Reise.

Als ich dann das erste Mal mit in Richtung Norden fuhr, in den Caprivi, sah ich vor der Hakusembe River Lodge in den sanften, nur selten Wasser führenden Senken, den Oshanas, überall Plastiktüten, die vom Wind über die flache Ebene gefegt worden waren und die nun in den niedrigen Büschen und Sträuchern festhingen. Ein bunt flatterndes Desaster. Konnten das die Hinterlassenschaften von Touristen sein, die, so wie wir, ihre Tour mit Tüten und Tütchen bestritten und sie vielleicht einfach achtlos liegen ließen? Immerhin kamen doch die meisten Touristen aus Ländern mit professionellen Recycling-Systemen und einem tief indoktrinierten Zwang zur Müllvermeidung. Würden sie nicht dieses Umweltbewusstsein mit auf ihre Safari nehmen? Auf der anderen Seite wissen wir ja, dass Menschen sich im Urlaub oft ganz anders benehmen, sich Dinge herausnehmen, die sie zu Hause nie wagen würden, ja, die sie dort sogar inakzeptabel finden. Wie die dickbäuchigen Männer, die mit nacktem Oberkörper durch verschlafene spanische Orte flanieren und ihre behaarten Bierbäuche an schwarz gekleideten alten Frauen vorbeitragen, ohne dabei irgendein Schamgefühl zu empfinden. Etwas, da bin ich mir sicher, das sie in Manchester, Gelsenkirchen oder wo immer sie herkommen, niemals tun würden, auch nicht an heißen Sommertagen. Aber würde man hier, in der wunderschönen Landschaft Namibias, achtlos Müll liegen lassen? Ich wollte mir das nicht vorstellen. Vielleicht waren es doch die Auswirkungen der nahen Stadt Rundu, das Zentrum der vielen umliegenden Dörfer dieses für Namibia so ungewöhnlich dicht besiedelten Landstriches. Was, wenn man dort einkaufen geht und ebenso wie bei *Superspar* in Windhoek für jeden einzelnen Artikel – also eine Menge – Plastiktüten bekommt und mit diesen dann zurückläuft in ein Dorf ohne Mülleimer, ohne Müllabfuhr? Dorthin, wo die Plastiktüte, wenn sie eingerissen und nicht mehr zu gebrauchen ist, achtlos weggeworfen wird. Es macht ja nichts, morgen hat der Wind sie fortgetragen.

Der Mann an meiner Seite tobte – wieder einmal – über die Unvernunft der Menschheit und über diesen Frevel an der Natur. „Man muss endlich was dagegen tun. Sonst ist unser schönes Namibia bald eine einzige Müllhalde." Und ich überlegte – wieder einmal – , ob das nicht eine lohnende Aufgabe für mich sein könnte, wenn in unserem Tourismusunternehmen nicht so viel zu tun sei. Ich könnte eine Müllsammelaktion im Caprivi starten und z. B. für zehn alte Plastiktüten einen Namibia-Dollar aussetzen. Das könnte ich mir bestimmt leisten, dachte ich, und stellte mir vor, wie die Menschen ausströmen würden aus ihren Dörfern, um die plötzlich gewinnbringenden Plastiktüten im Busch aufzuspüren. Und, schwupp, wäre die Landschaft wieder frei von Plastik. Allerdings würde so eine Maßnahme ja nur etwas nützen, wenn ich gleichzeitig mit den Shops in Rundu einen Deal aushandeln könnte, dass Plastiktüten nur noch gegen Geld ausgegeben würden oder am besten gar nicht mehr, sondern nur noch Stoffbeutel. Und schon wurde aus dem kleinen Projekt ein ziemlich großes, wenn auch unzweifelhaft immer noch sehr sinnvolles. Aber dann gab es doch wieder viel zu tun in unserem kleinen Tourunternehmen und alles blieb wie es war – nahm ich zumindest an. Doch eigentlich wurde es schlimmer, und zwar viel schlimmer.

Denn dann erreichten mich im Internet über Facebook und die anderen Kanäle, die uns heute mit sogenannten Informationen versorgen, Ankündigungen für den *National Clean Up Day!* Als ich die Links öffnete, wollte ich meinen Augen nicht trauen: Berge von Müll im Busch, Unterwasserbilder vor der Küste, die Riffe kaum zu erkennen vor lauter Plastikflaschen. Das war nicht Mikroplastik, das war „Makroplastik", Plastik im großen Stil. Und offenbar hatten einige Leute es ernster genommen als ich damals im Caprivi und wirklich eine Initiative gestartet. Es begann mit der Aktion an der Küste, aber das war nur der Anfang.

Am 25. Mai 2018 war es so weit: Namibia erlebte seinen ersten *National Clean Up Day*. Ins Leben gerufen durch eine Initiative des Tourismus-Unternehmens *Gondwana Collection*, stand die Aktion unter der Schirmherrschaft des Präsidenten selbst, der auch tatkräftig mit anpackte, als in Windhoek und vielen anderen großen Städten Namibias dem Müll der Kampf angesagt wurde. Groß und Klein „bewaffnete" sich mit großen Plastiksäcken und Gummihandschuhen und zog zwischen Steinen, unter Dornbüschen und aus dem Sand hervor, was dort nicht hingehörte. Die Bürgermeister riefen besonders die Bürger in den Informal Settlements auf, ihre Umgebung von Unrat zu befreien. Hier, wo die Müllentsorgung im Gegensatz zu den Mittelschichtsvierteln ungeregelt ist, bestimmt Abfall vielerorts das Straßenbild – und erhöht die durch mangelnde Kanalisation und Wasserversorgung bereits erhebliche Seuchengefahr zusätzlich. Doch auch in Klein Windhoek, Avis und anderen Innenstadtbezirken gab es mehr als genug zu tun. Sack um Sack wurde gefüllt und auf großen Lastwagen zur Entsorgung gefahren. Ich wusste nicht, ob ich lachen oder weinen sollte bei dem Anblick. Wie schön einerseits zu sehen, dass die Freiwilligen solche Mengen eingesammelt hatten – aber auch wie furchtbar, dass es überhaupt so weit gekommen war. Ein Facebook-Kommentar fasste meine Gefühle perfekt in Worte: „Ja, wir können stolz sein, dass wir das geschafft haben heute. Aber wir müssen die Menschen erziehen, dass sie nichts einfach so wegwerfen. Sonst werden wir für immer hinter ihnen aufräumen müssen!" Refuse, Reuse, Recycle lautet das Mantra der namibischen Umweltaktivisten, und ich hoffe, EES und andere namibische Popstars, die sich den Kampf gegen den Plastikmüll auf die Fahne geschrieben haben, können den Dreiklang bis in die letzte Hütte und auf den letzten Hügel des Landes tragen.

Vielleicht braucht man Anreize, um das Richtige zu tun, denke ich. Teure Einwegtüten, günstige wiederverwendbare Taschen, dazu schlaue Recyclingkonzepte – denen ja nirgendwo Grenzen gesetzt sind. Regelmäßig erreichen mich unter dem Hashtag *#itsup2us Namibia* auch Bilder von Ideen und Konzepten für die Wiederverwendung von Verpackungen. Meine Lieblingsidee war das Haus aus Bierflaschen statt Wellblech. Baumaterial – kostenlos. Wunderbar isoliert und ein Hingucker obendrein. Ich bin gespannt, ob diese Häuser auch wirklich gebaut werden dürfen. Wäre es nicht typisch für die Hürden der Bürokratie überall auf der Welt, wenn diese Objekte die Bauvorschriften nicht erfüllten und deswegen aus dieser wunderbaren Idee nichts wird? Weniger genehmigungspflichtig, dafür aber immens praktisch und für viele erschwinglich, sind dagegen die aus Paketbändern gewebten Einkaufstaschen.

Übertrieben? Gar nicht nötig? Sowieso zum Scheitern verurteilt? Es gibt sicher einiges, was man diesen Enthusiasten entgegenschleudern könnte. Schließlich haben wir es in einem entwickelten Land mit hohem Bildungsstandard wie Deutschland auch nicht geschafft, die Plastikflut einzudämmen. Ich kann mich noch daran erinnern, dass wir in den 1980er und 1990er Jahren, auf dem Höhepunkt der grünen Umweltbewegung, schon einmal viel weiter waren. Es war fast selbstverständlich, unnütze Plastikverpackungen, ja alle Verpackungen, wo immer es möglich war, zu vermeiden. Und heute? Heute ist jeder zweite Artikel, den ich in Deutschland kaufe, so aufwendig in Umverpackungen eingeschweißt, dass ich Werkzeug benötige, um an die Ware zu kommen. Und an der Supermarktkasse gibt es zwar jetzt, zwanzig Jahre später, eine neue Aktion für wiederverwendbare Taschen – aber in den letzten Jahren sind Milliarden Tüten dort ausgegeben worden. Und nun wollen wir den Namibiern erklären, sie dürften das nicht, sollten die Fehler nicht machen, die die anderen schon begangen haben?

Man könnte mir vorwerfen, herablassend und überheblich zu sein. Oder heuchlerisch. Und doch kann ich nicht anders, denn ich finde, die Perspektiven sind grauenvoll. In meinem Regal stehen drei Bildbände des britischen Fotografen Nick Brandt. In den ersten beiden setzt er die Schönheit und Erhabenheit der afrikanischen Natur in atemberaubenden Schwarzweißfotos in Szene. In dem dritten hat er diese Porträts auf riesige Pappen aufgezogen und in die Städte und Slums Ostafrikas getragen. Dort stehen sie wie Erinnerungen an eine vergangene Zeit, auf Müllhalden, die sich weiter ausdehnen als das Auge reicht. Der Löwe blickt über Plastiksavannen, die aus einem dystopischen Epos über das Ende der Menschheit stammen könnten. Abseits der Touristenpfade wird der Lebensraum der Tiere und Menschen zersiedelt und zerschnitten, versinkt Ostafrika, die Wiege der Menschheit, im Müll. Ich frage mich, ob nur die geringe Bevölkerungsdichte und der niedrige Industrialisierungsgrad dafür gesorgt haben, dass die Zerstörung der Landschaft in Namibia bisher nicht diese Dimension angenommen hat. Schon um ihrer selbst willen muss die Natur geschützt werden. Aber ganz sicher auch, um die Lebensgrundlage der vielen Namibier, die vom Tourismus abhängig sind, nicht zu gefährden.

Vielleicht sollte ich EES' Beispiel folgen und ab jetzt bei Strandspaziergängen in Swakopmund immer einen Beutel bei mir tragen und den Abfall aufsammeln, der angespült wird. Ich habe einen Freund, der das schon seit Jahren an den Küsten der Ferieninsel Mallorca tut und daraus Kunstwerke baut. Wer weiß, vielleicht kann ich ihn mit namibischen Künstlern zusammenbringen. Material gibt es hier mehr als genug.

Migration in Namibia

Warum oft mehr dahintersteckt, wenn Menschen ihre Heimat verlassen, und wie Namibias Dorfgemeinschaften davon profitieren können.

Jahrelang habe ich mich bei offiziellen Anlässen in Namibia auf die Frage, woher ich komme, als ein „Import aus Deutschland" vorgestellt – und mit dieser launigen Erklärung in der Regel die gewünschte Heiterkeit ausgelöst. Das war, bevor die große Migrationswelle 2015 nach Deutschland schwappte und die Gemüter erregte. Danach hätte ich mich vermutlich für einen anderen Satz entschieden. Vielleicht hätte ich gesagt: „Ich bin Migrantin aus Deutschland, Wohlstandsmigrantin – geflohen vor dem reglementierten, oft sinnleeren Leben unserer großen Städte, dem Stress, der Perspektivlosigkeit für Frauen mittleren Alters, hoffend auf ein besseres, ausgeglicheneres Leben – in einem Land, das so viel mehr bietet: wunderschöne Natur, das weltbeste Klima, ja, Höhenklima sogar, mit all den bekannten positiven Effekten auf die Gesundheit, die Möglichkeit, zwei der schönsten Tätigkeiten zu kombinieren – und das Reisen und das Schreiben zum Beruf zu machen."

Wie für viele Migranten war auch für mich der Aufenthaltsstatus eine der größten Hürden. Denn: In Namibia die begehrte Daueraufenthaltsgenehmigung, das *Permanent Residence Permit* oder das an eine Heirat mit einem Namibier gekoppelte *Domicile*, also „Wohnrecht", zu erhalten, ist nicht viel einfacher als eine Aufenthaltsgenehmigung in der EU zu ergattern. In den Anfangsjahren versuchte ich, mit einer Aneinanderreihung von Touristenvisa auszukommen, indem ich meine Heimatbesuche und gelegentliche Ausflüge nach Südafrika, Botswana etc. geschickt an das jeweilige Ende der Gültigkeit meines Touristenvisums legte. Drei Monate stehen einem EU-Bürger zu, und wenn man aufpasst, dass am Flughafen auch wirklich richtig gestempelt wird, kann man auch drei Monate bleiben. Danach muss man ausreisen, anschließend kann man wieder einreisen und erhält abermals drei Monate. So kannte ich es aus meinen Studienjahren in Taiwan, wo ebenfalls der bürokratische Aufwand für ein reguläres Studentenvisum so immens war, dass niemand es auf sich nahm, sondern wir stattdessen alle drei Monate für ein paar Tage nach Hongkong fuhren und danach unser Visum erneuerten. Jeder wusste das – auch die Behörden – nie gab es Probleme. Ich war darauf eingestellt, dies auch in Namibia mehr oder weniger unendlich lange so zu praktizieren. Doch dann sagte eines Tages bei der Einreise nach Namibia die imposante und leider wenig freundliche Einreisebeamtin am *Immigration Desk*: „This will be your last tourist visa for this year, Madam.“ Entsetzt versuchte ich zu Hause herauszufinden, was sie meinte, und tatsächlich: Las man die Regeln gegen den Strich, sah es so aus, als könne man lediglich drei Monate pro Jahr als Tourist in Namibia sein – nicht immer wieder drei Monate am Stück. Mir blieben also nur zwölf Wochen, um eine Lösung für meinen Aufenthaltsstatus zu finden, oder ich musste das Land, den Mann und die Kinder, die mir das Herz gestohlen hatten, für ein Dreivierteljahr verlassen. Ich war angekommen im Migranten-Dilemma: Wo kriegt man Papiere her, die einem das Recht auf Aufenthalt sichern?

Eine erste Recherche nach namibischer Art – d. h. im Freundeskreis herumfragen und nicht etwa bei offiziellen Stellen – offenbarte den Namen eines gewissen Henry Appelboom, der angeblich alle Papiere besorgen könne. Treffen sollten wir uns bei *Wimpy* in der Maerua Mall. Zweifelnd sah ich mich um, als wir an einem der Plastiktische in der Passage Platz nahmen. Hier, mitten im Leben, wollten wir unsere halbseidenen Papiergeschäfte abwickeln? Doch ganz offenbar war dies das Arbeitszimmer des untersetzten Buren, der geschäftig auf uns zukam, sich setzte und seinem dicken Lederfolder ein paar Formulare entnahm, die ich ausfüllen sollte. Ob ich denn etwas investieren könne in Namibia, z. B. in das Geschäft meines Partners? Ich nickte eifrig. Kein Problem. Wir hatten schon darüber gesprochen, dass ich ja bei ihm mitarbeiten könne – und wenn diese Kapitaleinlage nicht nur mein Gehalt finanzierte, sondern mir auch noch zu einer Aufenthaltsgenehmigung verhalf

– wunderbar. Schnell setzte ich einen entsprechenden *Letter of Intent* auf und schickte ihn an die angegebene Postfach-Adresse. Und dann warteten wir – und warteten – und warteten. Ich will meine Situation nicht mit der von Flüchtlingen vergleichen, die im Kriegsgebiet auf einen Schlepper warten, doch auch über mir hing das Damoklesschwert der Trennung von meiner Familie. Die Wochen verstrichen, mein Ausreisedatum rückte näher und Meneer Appelboom meldete sich nicht. Geld hatte er schon bekommen – die Hälfte seines Honorars und nicht näher spezifizierte Gebühren für die Papiere, deren Höhe uns vermuten ließ, dass hier saftige Bestechungsgelder gezahlt wurden. Doch irgendwann wurde uns klar, dass dieser Weg nicht zum Erfolg bzw. zu der ersehnten Aufenthaltsgenehmigung führen würde. Der Mann an meiner Seite kontaktierte wieder alle, von denen er glaubte, dass sie sich in dieser Sache auskannten. Immerhin war diesmal auch ein Anwalt dabei. Ja, er kenne das Problem. Offiziell sei da fast nichts zu machen. Theoretisch gebe es Aufenthaltsgenehmigungen für Investoren in namibische Unternehmen. In der Praxis sei das aber ein langwieriger und nicht immer erfolgreicher Prozess. Appelboom sei sonst gut – warum er sich diesmal nicht melde, sei verwunderlich – oder vielleicht auch ein schlechtes Zeichen. Besser sei nur noch Miranda von der *Old Town Lodge*. Die habe beste familiäre Verbindungen zum *Ministry of Home Affairs*. Die könne uns vermutlich helfen. Wir sahen uns an. Noch sechs Wochen bis zur Abreise. Und wenn sie *nicht* konnte? „Am besten ist es, ihr heiratet einfach. Wolltet ihr doch sowieso irgendwann, oder?“ Der Anwalt strahlte uns väterlich an. „Als Ehepartner eines Namibiers hast du automatisch Wohnrecht hier, das *Domicile*. Papiere brauchst du dann auch noch – aber mit der Heiratsurkunde besorgt Miranda die im Handumdrehen – und ausreisen musst du auf keinen Fall. Im Zweifelsfall genügt die Heiratsurkunde."

Wir sahen uns an. Schluckten. Heiraten? Jetzt? Beide hatten wir es schon einmal versucht und waren gescheitert. Beide fanden wir das freie Zusammenleben ohne rechtliche Papiere auch schön. Aber wenn ich dann nicht bleiben durfte ...

„So hatte ich mir das eigentlich nicht vorgestellt", brummelte der Mann an meiner Seite. „Wenn wir irgendwann heiraten würden, dann wollte ich auf die Knie gehen und richtig fragen – und eine große Feier planen und alle einladen und nicht jetzt schnell einen Termin beim Standesamt in Katutura machen, weil es unser Anwalt empfiehlt."

Aber genau da landeten wir am nächsten Tag, nachdem wir beschlossen hatten, dass es wichtiger war, zusammen zu sein, als kitschige Träume umzusetzen. Und stellten fest, dass auch dieser Weg schwieriger war als erwartet: Die Termine für Eheschließungen waren weit im Voraus ausgebucht, erst in acht Wochen sei der nächste frei – zu spät für mich, denn mein Touristenvisum lief ja schon zwei Wochen vorher aus. Ich wurde blass, doch Kurt ließ sich nicht beirren. Mit all seinem Charme erklärte er der Herrscherin über die Terminpläne, dass hier ein Notfall vorliege, dass sie uns doch bitte, bitte helfen möge. Und siehe da – sie blätterte und blätterte und schob uns schließlich wortlos einen Zettel über den Tisch. Termin in drei Wochen. Wie war das möglich? Sie hatte einem der Richter die Mittagspause gekürzt und uns vor seine reguläre Dienstzeit gesetzt. Manchmal, dachte ich erleichtert, ist es auch hilfreich, wenn nicht alles so total bürokratisch läuft.

Ich bin nicht die einzige „Migrantin", die der Liebe wegen nach Namibia kam, dann heiratete und blieb. Immer wieder begegne ich Frauen, die einem Namibier in sein Heimatland gefolgt sind oder die hier ihr Traumland fanden – und sich dann den entsprechenden Prinzen dazu suchten. Das hat es offenbar immer schon gegeben und durch die Internet-Dating-Portale ist es noch einfacher geworden. Dadurch haben Farmer auf abgelegenen Farmen Namibias eine neue Chance, eine Partnerin zu finden – und die europäischen Migrantinnen mit Heiratswunsch können sich leichter als früher ein Bild von ihren Möglichkeiten machen. Niemand macht uns deswegen Vorwürfe oder blickt auf uns herab, denke ich manchmal. Wie anders wäre die Situation, wenn wir schwarz wären – oder gelb oder braun – und in Deutschland einen Heiratskandidaten suchten. Sofort trügen wir das Stigma der unterdrückten Frau, die in einer rechtlichen Grauzone ihre Freiheit opfert, um in ihrem Wunschland eine Aufenthaltsgenehmigung zu bekommen. Wir dagegen, die als „importierte" EU-Bürgerinnen hier leben, müssen diesen Makel nicht fürchten. Jeder versteht, dass Namibia ein Traumland ist, in dem man leben will.

Und es gibt ja noch viele weitere Migranten in Namibia – Arbeitsmigranten, sogenannte Expats, die für internationale Firmen arbeiten oder für Behörden oder Organisationen. Mehr als 150 Mitglieder aus über 30 Nationen verzeichnet allein die Windhoeker Gruppe des Expat-Netzwerks *Internations.org*. Ich treffe stets viele davon beim Hundespaziergang am Avis-Damm, denn das Ritual des abendlichen Gassigehens ist offenbar eine eher europäische als namibische Eigenart. Hier sind wir „Zugereisten" oft unter uns. Immer wieder fehlt allerdings ein Gesicht und eine Hundeschnauze. Denn die meisten Europäer bleiben nur für ein paar Jahre. Anderen gelingt es jedoch, hier eine Firma zu etablieren und mit einheimischen Angestellten die Bedingung für eine Arbeits- und Aufenthaltsgenehmigung zu erfüllen. Einer der vielleicht prominentesten Migranten Windhoeks, der Barbesitzer Andy, musste sich nicht in die Schlange der Visums-Anwärter einreihen. Auf einer ausgedehnten Afrikareise seiner Eltern war der „Hamburger Jung" in Namibia geboren worden und hatte Anspruch auf die namibische Staatsbürgerschaft. Denn wie in den USA gilt in Namibia jedes im Land geborene Kind automatisch als Namibier. 2017 versuchte die Innenministerin Pendukeni Iivula-Ithana diese Regelung durch einen neuen Gesetzentwurf abzuschaffen. Nur noch die Kinder von Ausländern mit Dauer-Aufenthaltsgenehmigung sollten die namibische Staatsbürgerschaft bekommen. Das Oberste Gericht sah die Rechtslage allerdings anders und sprach auch dem Sohn eines Niederländers die namibische Staatsbürgerschaft zu. Die Gesetzesnovelle wurde fürs Erste zurückgezogen. Und so ist weiterhin jedes in Namibia geborene Kind automatisch namibischer Staatsbürger, es sei denn, die Eltern sind Diplomaten, als Angestellte einer ausländischen Firma im Land, Vertreter fremder Armeen oder Polizeidienste oder illegale Einwanderer. So ist übrigens auch Shiloh, das erste leibliche Kind von Angelina

Jolie und Brat Pitt, Namibierin, da sie in Walvisbay geboren wurde. Immer wieder wird mir erzählt, die namibische Regierung sei über die Geburt des ersten namibischen „Hollywoodstars" so begeistert gewesen, dass sie sogar erwog, an Shilohs Geburtstag einen Nationalfeiertag einzurichten. Meiner Meinung nach hat diese Geschichte ihren Ursprung in einer Glosse aus der Welt am Sonntag aus dem Mai 2006 und ist nur ein Gerücht, aber wer weiß, vielleicht ist sie auch wahr. Wenn das so ist, dann hat die Regierung wohl doch auf diesen Feiertag verzichtet.

Namibia als Migrations-Magnet? Ein afrikanisches Land als Ziel und nicht als Ausgangspunkt der Migration? Das ist vermutlich übertrieben – zumindest, wenn man nur an die europäischen „Einwanderer" denkt. Doch Namibia ist tatsächlich ein Magnet für Menschen aus den angrenzenden Staaten, die hier in der relativen politischen Stabilität und der vergleichsweise guten wirtschaftlichen Situation bessere Perspektiven für ihre Zukunft sehen als in ihren Heimatländern. Immer wieder begegne ich Simbabwern und Angolanern, aber auch Sambiern und Südafrikanern, die in Namibia leben und arbeiten. Ich erkenne übrigens in der Regel nicht, wer woher kommt, doch der Mann an meiner Seite hat ein untrügliches Gespür dafür, gepaart mit einer guten Portion Vorurteilen. „Das ist John", stellt er mir unseren Kellner im Steakhaus vor. „Kommt aus Simbabwe. Sehr gutes Englisch und vor allem – Servicementalität. Findest du bei uns selten. Haben die Simbabwer aber alle. Daher werden sie auch gerne genommen." Und vermutlich werden sie auch gerne genommen, weil sie illegal hier sind und damit erst recht leicht auszubeuten, vermute ich. Viele Simbabwer sind in den letzten Jahren nach Namibia gekommen, um hier zu arbeiten. Kein Wunder angesichts der desolaten Zustände in ihrem Land. Ob sie wohl Asyl beantragen und erhalten? Vermutlich reisen viele mit einem Touristenvisum ein und tauchen danach ab. Oder sie kommen „durch den Busch" und richten sich in der legalen Grauzone ein. Viele Akademiker und Lehrer aus Simbabwe arbeiten in privaten Bildungseinrichtungen in Namibia. Dort sind sie beliebt wegen ihrer vergleichsweise guten Ausbildung und ihrer überdurchschnittlichen Englischkenntnisse, aber sie arbeiten oft zu schlechteren Bedingungen, weil Arbeitgeber ihren Aufenthaltsstatus als Druckmittel einsetzen.

Es gibt noch eine weitere Migrationsbewegung in Namibia – die vom Land in die Städte. Mit dem Stempel „Landflucht" versehen, wird diese Migration der Landbevölkerung in der Regel in den Medien negativ dargestellt und zur Wurzel vieler Übel in der heutigen namibischen Gesellschaft erklärt. Migration führe zur Verstädterung, zur Slumbildung, zu Entwurzelung und Armutskriminalität und sei doch unaufhaltsam.

Bruno Venditto vom *Institute of Studies on Mediterranean Societies* in Neapel hat über dieses Thema an der *University of Namibia*, der UNAM, promoviert[1]. Entgegen der landläu-

---

[1] „Human mobility and Namibian Family Transformation: An analysis of Socio Economic Development and Family-Migrant Connection in Contemporary Namibia" awarded by the Faculty of Humanities & Social Sciences of the University of Namibia, April 2018 http://repository.unam.edu.na/handle/11070/2214

figen Vorstellung hat er in seinen Studien eine Reihe von positiven Effekten entdeckt, die durch die Wanderbewegungen in die Städte entstehen. Ein Teilnehmer der Studie berichtet:

„Zu Hause und im Dorf war ich ein sehr zurückhaltender und scheuer Mensch. Nun gehe ich offen auf alle anderen zu und genieße meine Freiheit ohne Angst. Der größte Effekt davon ist der Respekt, den Menschen innerhalb und außerhalb der Familie mir nun entgegenbringen. Sie sagen, ich bin nun ein Mann, der Verantwortung trägt – früher musste ich dem folgen, was meine Eltern mir befahlen, was auch immer es war. Nun bin ich an den Entscheidungen beteiligt."

Warum ist es wichtig, dass junge Männer, die in der Stadt arbeiten, in ihrem Dorf mehr Respekt genießen? Sie transportieren Ansichten und Werte der neuen namibischen Gesellschaft in ihre traditionell geprägten Heimatorte – und als erfolgreiche „Verdiener" haben sie das Recht, neue Ansichten zu äußern. Ein wichtiges Beispiel ist der Einfluss dieser Wanderbewegung auf das Frauenbild in den ländlichen Gebieten. Die Rolle der Frau in den Dörfern ist untergeordnet, ihre rechtliche Situation prekär, ihre Behandlung durch die männlichen Dorfbewohner harsch und autoritär. Bemühungen, im Schulunterricht oder durch Aufklärungskampagnen ein Bewusstsein für die Gleichberechtigung von Mann und Frau zu schaffen, bleiben ohne große Wirkung. Zu mächtig ist die autokratisch-patriarchalisch geprägte Dorfstruktur. Wer hier etwas über Frauenrechte und Gleichberechtigung erfährt, glaubt vermutlich, Berichte aus einer fremden Welt zu hören.

Doch die Migration in die Städte führt dazu, dass junge Männer Frauen anders erleben. Dort sind Frauen wichtige Verdiener, ob als Haushaltshilfen oder in geregelten Positionen bei Firmen und in der Verwaltung. Hier hat der Staat durchgesetzt, was in der Verfassung steht und doch auf dem Land nicht umgesetzt wird. Und die jungen Männer erleben diese gleichberechtigte Welt und erzählen davon, wenn sie nach Hause in ihren Heimatort fahren. Anders als Lehrer oder Redner von Aufklärungskampagnen sind sie glaubwürdig, sind Mitglieder der Dorfgemeinschaft. Und zwar solche, die es geschafft haben, die in der Stadt Geld verdienen und diese Einkünfte mit nach Hause bringen. Das nötigt Respekt ab. Und wenn diese jungen Männer davon berichten, wie Frauen in der Stadt behandelt werden, dann hört man ihnen zu.

„Mein Frauenbild hat sich sehr verändert", erläutert ein anderer Teilnehmer in Bruno Vendittos Studie. „Im Dorf betrachtest du Frauen nicht als Personen, sondern als Objekte/Dinge. Seit ich nach Windhoek gezogen bin, habe ich erkannt, dass Frauen großen Wert haben, und ich respektiere sie sehr. Im Dorf ermutige ich jetzt die Mädchen zu lernen, und ich spreche mit den anderen jungen Männern, von denen ich weiß, dass sie ihre Freundinnen schlagen. Ich sage ihnen, dass das nicht richtig ist, und sie tun es nicht mehr - zumindest nicht, wenn ich im Dorf bin. Das sind kleine Veränderungen, die langsam das Leben im Dorf verändern können. Aber es wird dauern, denn ich weiß nicht, wie sie sich verhalten, wenn ich nicht da bin."

Ein weiterer Teilnehmer: „Als ich zum Studium ins Ausland gegangen bin, habe ich gesehen, dass viele Männer eine Ausbildung in der Krankenpflege gemacht haben, während in meinem Fach Wasserwirtschaft (*Water Engineering*) viele Frauen waren, die dort sehr gute Leistungen brachten. Dadurch musste ich mein Bild von Frauen verändern, denn ich merkte, dass ich eine falsche Vorstellung von ihnen hatte. Ich hatte geglaubt, dass Frauen nur bestimmte Arbeiten machen könnten und bestimmte Berufe ergreifen, wie Krankenschwester oder Lehrerin. Aber meine Ansichten haben sich nun geändert. Ich weiß nun, dass Frauen und Männer dasselbe tun können. Ich habe diese Ansicht auch anderen Männern mitgeteilt, Mitgliedern meiner Familie, und ich ermutige Mädchen zu Hause (im Dorf), ihren Träumen zu folgen."

Trotz aller Schwierigkeiten gelingt es auch immer wieder Frauen aus dörflichen Strukturen, den Wechsel in die Städte zu vollziehen. Einige bewältigen den steinigen Weg durch das Bildungssystem und erlangen Schulabschlüsse, Ausbildungen und höherwertige Jobs. Sie dienen dann wiederum als Vorbilder für die Mädchen im Dorf – und sie verändern das Dorfgefüge, denn plötzlich gibt es Frauen, die „Männerrollen" ausfüllen und daher Anspruch auf den Respekt und das Gehör in der Dorfgemeinschaft haben, der sonst nur Männern gewährt wird. Eine Teilnehmerin der Studie berichtet:

„Aufgrund meiner Position und meiner Verantwortung respektieren sie mich mehr. Ich darf Entscheidungen treffen und Ratschläge geben – beides habe ich früher nicht getan. Normalerweise würden sie eine Frau für weniger wichtig halten als einen Mann. Aber nun, da ich gebildet bin und ein „Versorger" (*provider*), betrachten sie mich mit mehr Respekt. Jeder Verdiener (*breadwinner*) wird mit Respekt betrachtet."

Migranten wirken zurück in ihre Ursprungsorte. In der Stadt lebende Männer und Frauen vom Land tragen zur gesellschaftlichen Entwicklung in ihren Heimatorten bei, hin zu einem gleichberechtigten Miteinander. Gastarbeiter aus Simbabwe, Angola, Sambia machen die Erfahrung, dass es auch in einem afrikanischen Land nach der Kolonialzeit relativ geregelte Arbeitsverhältnisse und sichere Lebensumstände geben kann, und sorgen vielleicht dafür, dass ihre Familien zu Hause nicht die Hoffnung auf eine bessere Zukunft verlieren. Und auch ich bringe viel mit aus meiner Wahlheimat, wenn ich zurück in mein norddeutsches „Dorf" komme. Die Erkenntnis, wie schön das Leben sein kann, wenn ich nicht alles plane, wie sehr der tägliche Kontakt mit der Natur mein Leben bereichert, wie viel wichtiger die kleinen Freuden des Lebens sein können als die großen Attraktionen, die wir in den „entwickelten" Ländern suchen und für die die Messlatte immer höher gelegt wird.

Meinen *Permanent-Residence-Permit* habe ich übrigens bekommen, und jetzt weiß ich auch, wofür das *Permanent* darin steht – „permanent dranbleiben" nämlich. Es gilt immer nur für ein Jahr und muss dann verlängert werden. Das macht dann Miranda von der *Old Town Lodge*, die Verwandte im Ministerium hat. Jedes Mal, wenn ich die 1.500 Dollar raushole, die der Extraservice kostet, frage ich mich, ob ich das richtig finde, solche Hintertürchen zu benutzen, aber ich habe beschlossen, dass in diesem Fall nur das Ergebnis zählt.

#FirstLadyOfNamibia

Warum wir afrikanische Frauen immer wieder unterschätzen und wie Social Media für sie Segen und Fluch zugleich sein kann.

Wir Deutschen haben ein besonderes Verhältnis zu weiblichen Politikerinnen. Wie sollte es auch anders sein nach einer Langzeit-Bundeskanzlerin wie Angela Merkel, die nach eigenem Bekunden auch noch ihre vierte Amtszeit bis zum – vielleicht bitteren – Ende auskosten will. Sie hat gezeigt, dass Frauen in der ersten Reihe der Politik „ihren Mann" stehen, und ich merke, dass ich seitdem einen noch kritischeren Blick auf die diversen First Ladies der Welt werfe, wie sie im artigen Abstand, oft zum Zeichen der Verbundenheit Händchen haltend, hinter ihrem Mann Gangways herunterschreiten oder bei offiziellen Anlässen Hände schütteln. Da die Extreme ja mehr hergeben als das Mittelmaß, denke ich dann sofort an Melania Trump, das Ex-Modell mit dem ernsten Blick, das sich so offensichtlich unwohl fühlt in dieser Position, und an Brigitte Macron, die mir manchmal vorkommt wie ein moderner Kardinal Richelieu. Klug, erfahren, mit einem Platz im Hintergrund, von dem aus sie selbstbewusst ihre Einsichten platziert. First Ladies aus den südlicheren Nationen unseres Planeten neigen dazu, noch unauffälliger zu sein. Das Verhältnis von Staatschef und Gemahlin spiegelt sozusagen „die Lage der Nation“ in Bezug auf Geschlechterrollen.

Meine erste Begegnung mit einer namibischen First Lady, Her Excellency Penehupifo Pohamba, bestätigte diesen Eindruck. Wir 150 Teilnehmerinnen des *Namibian Women Summit* mussten im August 2010 für eine Stunde den Saal des Hotels räumen und draußen in der morgendlichen Winterkälte frieren, damit die Sicherheitsleute den Raum auf Sprengstoff untersuchen konnten. „Lady“ Pohamba hielt im Anschluss eine freundliche kurze Rede, stellte ihre sozialen Projekte vor – und verschwand. Eine unauffällige, sympathische Frau, die sich als frühere Krankenschwester in ihrem Engagement als First Lady verständlicherweise auf das Gesundheitswesen konzentrierte und die ansonsten in der Politik wenig bis gar nicht in Erscheinung trat – genauso wie ihre Counterparts in den USA und sonstwo auf der Welt. Zumindest dachte ich das, bis ich nach dem Summit ihre Vita nachlas und erfuhr, dass diese „freundliche und unauffällige Frau“ ein mehr als bewegtes Leben im Unabhängigkeitskampf geführt hatte. In Lagern in Angola und Sambia hatte sie Flüchtlinge versorgt und Ausbildungs- und Studienaufenthalte in Jamaika und der DDR absolviert. Sie war politisch aktiv gewesen, hatte Auszeichnungen für ihre Leistungen erhalten – und schien sich doch heute im Schatten des Präsidenten wohler zu fühlen als im Rampenlicht. Nun gut, dachte ich, man muss sich nichts vormachen: First Lady ist eben doch eine hauptsächlich dekorative Position.

Dementsprechend gering war meine Erwartung, als 2018 beim 12. *Namibian Women Summit* abermals der Besuch der derzeitigen First Lady, Monica Geingos, angekündigt wurde. Wieder ein paar nette Worte einer netten Frau, und das war's? Angela Hofmeyr vom Namibian Book Market lachte, als ich ihr davon erzählte. „Ach, Monica kommt? Die ist sehr nett und völlig unkompliziert. Sie liest gerne und bei Buchpräsentationen lässt sie einfach ihre Bodyguards draußen und setzt sich dazu." Eine volksnahe First Lady also, die sich offenbar ganz uneitel beim Vornamen nennen lässt. Auch ihr Werdegang unterscheidet sich deutlich von dem ihrer Vorgängerinnen. Sie ist ehemalige Investmentbankerin und Aufsichtsratschefin mehrerer Großunternehmen, eine wirtschaftliche Powerfrau mit eigenem Standing und eigenem Vermögen. Erst spät in ihrem Leben heiratete Monica Kalondo den heutigen Präsidenten, Hage Geingob, für den es die dritte Ehe ist. Ihren Oshivambo-Familiennamen legte sie ab und nahm durch die Heirat, dem Brauch der Damara-Volksgruppe ihres Mannes folgend, die zu Geing**ob** gehörige weibliche Form des Namens – Geing**os** – an. Auf die Frage, ob der Altersunterschied von 35 Jahren kein Problem sei für ihre Ehe, fand ich im Netz ihre lakonische Antwort, es gebe schließlich in jeder Ehe Probleme. Wenn der Altersunterschied das einzige sei, das ihr Mann und sie hätten, dann könnten sie sich nicht beklagen! Von dem Moment an war mir klar, dass ich hier keine dekorative Begleiterin sehen würde, und ich wollte die Frau kennenlernen, die so schlagfertig und dabei humorvoll reagierte. Würde ich vielleicht auf eine afrikanische Michelle Obama treffen, eine selbstbewusste Frau mit eigener Karriere und unverwechselbarem Stil?

Doch auf das Ereignis, Monica Geingos auf der Bühne zu erleben, war ich nicht vorbereitet. Parallel zum Women Summit tagte der SADC-Gipfel in Windhoek und an diesem Abend sollten die Staatschefs zum Empfang beim Präsidenten geladen sein. Da der zu diesem Anlass sicher seine Ehefrau an seiner Seite haben wollte, rechneten wir alle mit einem kurzen herzlichen Grußwort der First Lady, gefolgt von einem schnellen Abschied. Doch wir bekamen an diesem Abend die fast einstündige Rede einer Powerfrau, einer Politikerin, einer „Staatsmännin", die uns keine Minute das Gefühl gab, sie habe noch etwas Wichtigeres vor. Schon ihr Outfit war Programm: kein aufwendiges traditionelles Gewand, sondern ein in afrikanischen Mustern schillerndes, knielanges Jackenkleid, ein Power-Outfit. Dazu Stiletto-Absätze von schwindelerregender Höhe und eine prägnante Hornbrille, durch die sie uns durchdringend ansah, so als wollte sie sagen: Jetzt hört mir zu! Ich habe euch etwas Entscheidendes mitzuteilen. Und wir lauschten gebannt, während sie ohne einen Blick auf irgendwelche Notizen zu werfen, vollkommen frei davon sprach, wie nötig der Wandel in der Gesellschaft sei, wenn Namibia sich entwickeln wolle, und besonders der im Verhältnis zwischen Männern und Frauen. Sie habe vor diesem Termin eine Familie besucht, deren Tochter von einem jungen

Mann getötet wurde. Das sei schlimm genug. Schlimmer sei, dass der behauptete, sie habe das herausgefordert, nicht besser verdient. Ich war betroffen, aber nicht überrascht, denn diese Art von „Gender Based Violence“ füllt fast jeden Tag die Seiten der namibischen Zeitungen. Männer töten, was sie nicht verstehen, was sich ihnen widersetzt, was ihnen übermächtig zu sein scheint. Aber was kann man dagegen tun? Aufklärung? Harte Strafen? Als sie von der Familie spricht, stehen Tränen in den Augen der First Lady. „Wie sagt man einer Familie, dein Kind ist tot?“, fragt sie das Publikum, und man merkt, dass hier eine Mutter spricht, nicht nur eine Landesmutter. Deine Tochter, die du aufgezogen und durch die Schule gebracht hast, die einen Studienplatz hatte und sich darauf vorbereitete, ein Teil des neuen Namibia zu werden, ist tot, weil ein junger Mann meinte, dass sie das verdient hat? Und als wäre das nicht schon schlimm genug, muss diese Familie dann erleben, wie ihr Kind in den Sozialen Medien schlechtgemacht und beschimpft wird? Sie müsse ja eine „Schlampe“ und Schlimmeres gewesen sein, sonst wäre ihr das nicht passiert.

Fast meine ich, die First Lady wütend schnauben zu hören. „Ich habe eine Tochter und einen Sohn in diesem Alter aus meiner ersten Beziehung. Was, fragen Sie mich vielleicht, würde ich tun, wenn mir das widerfahren wäre? Wenn es meine Tochter beträfe. Ich frage mich, was ich täte, wenn es mein Sohn wäre, der diese Tat begangen hat.“ Monica Geingos blickt ins Publikum. Sie scheint jedem hier direkt in die Augen, nein, ins Herz zu blicken. „Dann würde ich ihn meiner Liebe versichern, denn die ist bedingungslos und ich werde ihn immer lieben. Und danach würde ich ihn zur Polizei bringen, damit er sich stellt und damit das Recht seinen Lauf nimmt. Es kann keinen anderen Weg geben. Wir alle müssen Zeichen setzen, dass es keine Gewalt gegen Frauen geben darf und keine Ausreden dafür. Nur dann kann dieses Land sich entwickeln."

„Und zu den Sozialen Medien!" Wieder macht sie dieses leicht schnaubende Geräusch, und jetzt weiß ich auch, an was es mich erinnert. An was diese Frau mich denken lässt, die dort oben auf der Bühne hin und her läuft auf ihren unglaublich hohen Absätzen, sicher und wie zum Sprung bereit – sie erinnert mich an eine Löwin. Den Blick unablässig auf ihre potenzielle Beute gerichtet – auf uns. So ist das hier. Monica Geingos ist weder eine dekorative noch eine unauffällige First Lady, sie ist eine Löwin!

Während ich diesem Gedanken noch nachhänge, ist sie schon fortgefahren in ihrer Rede – mit einem Thema, das ihr offenbar ebenso wichtig ist: die Sozialen Medien. Wie man ihr nachgesagt habe, sie sei nur aufs Geld aus gewesen, ein „Gold Digger", als sie ihren jetzigen Mann heiratete, und das, obwohl sie deutlich mehr Vermögen hatte als er. Alle hätten das wissen können, denn sie hatte darauf bestanden, dass beide ihre gesamten Vermögensverhältnisse beim Amtsantritt des Präsidenten offenlegten. Aber das nützte nichts. Ihr wurde trotzdem vorgehalten, Hage Geingob des Geldes wegen geheiratet zu haben. Und vielleicht ist das auch der Grund, warum einer der weiteren unerwarteten Ratschläge für die versammelten Frauen des *Namibian Women Summit* der folgende ist: „Be accountable!" – „Seid darauf vorbereitet, Rechenschaft abzulegen!" Die

Frauen sollen sicherstellen, dass sie alles belegen können in ihrem Leben, denn eines Tages werde jemand danach fragen, besonders, wenn sie erfolgreich sind, wenn sie ein Amt übernehmen und Verantwortung für die Zukunft dieses Landes tragen wollen. „Und versteht mich nicht falsch, die Sozialen Medien werden sowieso etwas Falsches darüber berichten, egal wie die Faktenlage ist. Aber dann könnt ihr dem entgegentreten."

Ja, die Sozialen Medien. Das Dauerthema. Nie hätte ich gedacht, dass sie in Namibia so eine Bedeutung erlangen würden. Obwohl ich es hätte ahnen können. In einem Land, in dem es so gut wie unmöglich ist, alle Bewohner mit Festnetzanschlüssen zu versorgen, war ein schneller Mobilfunkstandard schon üblich, als wir uns in Deutschland noch mit 3G herumschlugen. Und mit der Omnipräsenz der Smartphones ist auch die Nutzung der Sozialen Medien für viele eine bevorzugte Kommunikationsmöglichkeit über die räumlich weiten Entfernungen – aber auch die zwischen den Hierarchien und zwischen Arm und Reich hinweg. Alle meine namibischen Bekannten nutzen Facebook, WhatsApp und Co. für ihre Kommunikation, bis hin zur 84-jährigen Emmy Oswald, der Mutter meiner Freunde, die so selbstverständlich postet, shared und liked wie ein Teenager und damit mit ihrer über die ganze Welt verteilten Familie in Kontakt bleibt. Ich bin fast sicher, dass Namibia auch bei der Social-Media-Nutzung führend ist, und zwar durch alle Schichten, obwohl es mir nicht gelungen ist, diesen Eindruck durch Zahlen zu erhärten.

Auch im Tourismus hinterlässt der Social-Media-Hype seine Spuren. Neulich Abend saß ich auf einer einsamen

Lodge, irgendwo zwischen Erongo und Etosha, und wollte nach dem Dinner noch einen Drink an der Bar nehmen. Doch die war leer – gähnend leer. Eine Klingel rief den Besitzer herbei, der mir bei meinem Schlummertrunk Gesellschaft leistete und mir erzählte, dass er überlege, die Bar zu schließen. Sie mache nur Arbeit und bringe nichts mehr ein. Ich könne ja selbst sehen, dass keiner sie nutze. Früher, ja früher, da hätten alle sich am Abend an der langen Theke getroffen und ihre Erlebnisse des Tages ausgetauscht. Hätten Fotos gezeigt, Tipps für den nächsten Tag gegeben oder von ihren Lieblingsorten in Namibia geschwärmt. Doch das sei nun vorbei. Heute säßen sie alle abends in ihren Bungalows – bestenfalls auf dem Stuhl vor der Tür – und schrieben Nachrichten nach Hause, posteten Bilder bei Facebook oder Instagram, den Blick starr auf die kleinen Monitore gerichtet. Austausch oder Geselligkeit? Fehlanzeige. Er habe schon daran gedacht, das WLAN nur in der Bar anzubieten, aber dann habe er einen Wettbewerbsnachteil gegenüber den Nachbarfarmen. Außerdem würde ja wohl kaum ein Gespräch an der Bar zustande kommen, wenn alle dort nur auf ihre Smartphones starrten. Ich muss gestehen, dass ich erschüttert war. So weit ist es schon gekommen, dass Reisende die bewegenden Momente des Tages nicht mehr mit Mitreisenden oder mit den Menschen vor Ort teilen und vertiefen wollen? Nein, sofort muss es berichtet werden – bestenfalls den Freunden und der Familie zu Hause, vermutlich aber auch der mehr oder weniger interessierten Freundeswelt der Netzwerke. Ich musste an all die wundervollen Abende denken, die wir an den Bartresen so vieler Lodges verbracht hatten.

Die Beobachtungen, Geschichten, Anekdoten, die über die Tafel hin und her flogen. Die bis dato fremden Menschen, die wir kennenlernten und an denen wir auf den ersten Blick verborgene Tiefen erkannten. Menschen, mit denen wir das Staunen teilten und die zu Freunden wurden – weil wir miteinander sprachen. Und nun kommuniziert der Reisende offenbar nur noch mit denen, die daheim geblieben sind. Vermutlich gibt es später auch keine Fotoabende mehr, bei denen von Land und Leuten erzählt wird. Es war ja alles bereits im Netz. Hundertmal gelesen – Schnee von gestern. Wie schade!

Habe ich mich damit als Social-Media-Muffel geoutet? Vermutlich. Mein Verhältnis zu diesen Kommunikationskanälen ist gespalten, halbherzig. Wie jeder bestätigen kann, der mir als Autorin folgt und merkt, dass ich keineswegs bereit bin, jeden Gedanken, der mir in den Sinn kommt, mit der Welt zu teilen. Lieber warte ich, bis er zu einer Geschichte gereift ist, über die sich zu schreiben und zu sprechen lohnt. Altmodisch fühle ich mich mit dieser Haltung. Aber vielleicht ist sie auch geprägt von einer realistischen Selbsteinschätzung, dass ich wirklich nicht jeden Tag und vermutlich auch nicht jede Woche etwas zu erzählen habe, was die Welt unbedingt erfahren muss. Doch gestern habe ich mich überwunden und meinen brachliegenden Twitter Account reaktiviert. Und zwar nur aus einem Grund: Ich will wissen, was Monica Geingos mitteilt – und wenn es sein muss, jeden Tag. Denn sie hat etwas zu sagen, finde ich.

Unerkannte Heldinnen

Warum es wichtig ist, dass alle bessere Chancen bekommen. Und auch, warum die Schwächsten immer noch schwach sind.

Im Flugzeug von Windhoek nach Frankfurt zeigt das Bordprogramm den Film *Hidden Figures*. Der deutsche Titel steuert die Übersetzung bei: „Unerkannte Heldinnen". Erzählt wird die wahre und wenig bekannte Geschichte von drei schwarzen Mathematikerinnen 1961 in den USA, zu Beginn des Weltraumprogramms der NASA. Die Geschichte berührt mich. Unglaublich zu sehen, welchen besonderen Beitrag diese drei Wissenschaftlerinnen leisteten zu einer Zeit, als akademische Karrieren auch für weiße Frauen noch nicht selbstverständlich waren. Die drei Mathematikerinnen hatten eine zweifache Diskriminierung zu ertragen – als Frauen in einer Männerdomäne und als Afroamerikanerinnen, die damals in den Südstaaten der USA als Farbige oder „Coloureds" bezeichnet wurden. Wie beschämend die Rassentrennung war, vermittelt dieser Film ganz ohne große Worte und Grausamkeiten. Die Frau, die bei der ersten Erdumkreisung eines Astronauten als Einzige die Berechnungen für John Glenns Umkehrpunkt (NoGo-*Point*) erstellen kann, muss jedes Mal mehr als einen Kilometer laufen, um die Toilette aufzusuchen, weil es in der Schaltzentrale des NASA-Hauptquartiers keine Waschräume für schwarze Mitarbeiter gibt. Farbige sind dort nicht vorgesehen, haben ihren Platz allenfalls bei den „Coloured Computers" auf der anderen Seite des gigantischen Gebäudekomplexes. Ich versuche mich zu erinnern, ob ich jemals davon gehört hätte, dass der Computer ursprünglich eine Berufsbezeichnung für Menschen war, die mathematische Berechnungen anstellten? Coloured Computers – farbige Computer. Was heute klingt wie der nächste Marketing-Gag des bekannten Elektronikherstellers mit dem Apfel, war damals Ausdruck für die Unerbittlichkeit der Rassentrennung.

Aus Namibia kommend, berührt mich diese Geschichte ganz besonders. Die Rassentrennung, die Herabsetzung und Ausgrenzung aufgrund der Hautfarbe ist dort scheinbar überwunden. Niemand dort kann etwas nicht werden, weil er schwarz ist – oder weiß, zumindest offiziell und solange kein *Affirmative-Action-Clause* verletzt wurde. Dieses Gesetz sieht vor, bei gleicher Qualifikation schwarze Bewerber zu bevorzugen, um ihren Anteil an Entscheidungspositionen nach und nach zu erhöhen. Solche Förderprogramme für benachteiligte Gruppen gibt es mittlerweile in vielen Ländern, in den USA, Frankreich und Deutschland – hier als Gleichstellungsverordnung zur Förderung von Frauen. Ich habe mich oft gefragt, ob solche Regelungen wirklich der richtige Weg sind. Fühlt sich eine Frau in ihrer Leistung anerkannt, wenn sie annehmen muss, dass sie ihren Job in erster Linie ihrem Geschlecht verdankt und nicht ihrer Qualifikation? Ob es schwarzen Namibiern auch so geht? Den Job zu bekommen wegen der Hautfarbe und nicht aufgrund der Qualifikation – ist das nicht wieder eine Form von Rassismus? Nur diesmal eine Spielart, die die zuvor Benachteiligten nun bevorzugt?

In *Unerkannte Heldinnen* wird die Personalchefin Mitchell, zuständig für die weiblichen Verwaltungsangestellten, gespielt von der coolen nordischen Schönheit Kirsten Dunst. Mit bemüht freundlichem Lächeln sagt Mrs. Mitchell zu Dorothy Vaughn, als sie ihr zum wiederholten Mal die Beförderung zur Supervisorin verweigert, obwohl die diesen Job bereits seit Jahren ausfüllt: „Wissen Sie, ich habe wirklich nichts gegen Sie!", und Vaughn, die später eine der berühmtesten Computerspezialistinnen der NASA wurde, antwortet: „Ich glaube Ihnen, dass Sie das denken!" Vaughn hat man mit Octavia Spencer besetzt, einer üppigen Frau von „traditional build", wie man es im südlichen Afrika bezeichnen würde, und wenn die schlaksig-blass-blond-dünne Dunst auf sie herabsieht, dann kann man auch ohne Worte fühlen, wie fremd sich zwei sein können, Menschen aus zwei getrennten Welten.

Aber noch eine andere Assoziation weckt der deutsche Titel des Films *Unerkannte Heldinnen* bei mir an diesem Tag, auf diesem Flug nach Frankfurt. Ich muss an Susan und Mary denken, die ich gestern getroffen habe. Susan Gawanas, die ihr Haus für die heimat- und schutzlosen Mädchen ihrer Nachbarschaft in Katutura geöffnet hat, und Mary Katjivi[1], die versucht, Mittel für diese neue und so nötige Community-Initiative aufzutreiben. Mary sucht von morgens bis abends nach Sponsoren für das Projekt. Doch gestern war sie trotz ihrer eloquenten Erläuterungen und trotz ihres Enthusiasmus für die Foundation nicht ihr übliches strahlendes Selbst. Sie verbringt ihre ganze Zeit im Dienst der Initiative und weiß nun kaum noch, wie sie sich selbst und ihre zwei eigenen Kinder durchbringen soll. Einen Job würde die PR-Frau bestimmt bekommen, da ist sie sich sicher. Doch dann hätte sie keine Zeit mehr für die notleidenden Kinder. Ein Dilemma, für das sie keine Lösung sieht, es sei denn, die Foundation würde endlich Sponsoren und einen Hauptförderer finden, der vielleicht auch ihr ein kleines Gehalt ermöglicht. Dann könnte sie ihre Leidenschaft und ihre Fähigkeiten miteinander verbinden und ihr unglaubliches PR-Talent in den Dienst dieser guten Sache, dieser Initiative, stellen.

¡Nara, ist da schon weiter. Die Nama-Frau hat in einer anderen Gegend von Katutura, in Havana, einen Kindergarten gebaut und dafür Brigitte Pirot als Unterstützerin gewinnen können. Pirot, eine ehemalige Lehrerin, hatte sich nach ihrer frühen Pensionierung in Namibia eine neue Heimat und eine neue Aufgabe gesucht. Sie unterstützt einige Suppenküchen, betreut aber vor allem alleinste-

[1] Die Namen einiger Hilfsorganisationen und Helferinnen wurden auf deren Wunsch geändert.

hende Mütter und Kinder, deren Eltern an Aids gestorben sind, sowie einige junge Leute, die ihre Intelligenz und ihre guten schulischen Leistungen nicht ohne Hilfe für eine Ausbildung oder ein Studium nutzen könnten, weil ihnen das Geld für die Studiengebühren und den Lebensunterhalt fehlt. Finanzieren kann Brigitte Pirot ihre Projekte mit Spenden, die sie aus Deutschland bekommt. „Man spendet mir gerne", sagt sie. „Denn die Leute wissen, dass ich eine ordentliche Altersversorgung habe und gut davon leben kann. Das heißt, sie wissen, alles, was mir gespendet wird, fließt in die Projekte. Ohne jeden Abzug." Auf einem alten Briefumschlag zeichnet mir die rüstige Pensionärin ihr derzeitiges Aktionsfeld auf: 2 Kinderheime, 4 Schulspeisungen, 7 alleinerziehende Mütter, 7 Studenten, 2 Kindergärten. Ich bin verblüfft und beeindruckt. Ob es da eigentlich auch mal Probleme gebe, möchte ich wissen, mit den Behörden oder mit den Bedürftigen selbst. „Doch, die gibt es natürlich." Sie schmunzelt sogar, als sie das sagt. Probleme gehören offensichtlich dazu, sind nichts, über das man sich aufregen muss.

„Mit meiner Aufenthaltsgenehmigung gab es am Anfang schon die ersten Schwierigkeiten. Ich habe immer wieder Anträge gestellt und immer wieder wurden sie abgelehnt. Und dann wollten sie mich irgendwann sogar kurzfristig ausweisen."

„Und?" Nun bin ich aber gespannt, wie Frau Pirot diesen Heiligen Gral aller Auswanderer in Namibia errungen hat. Sie lacht.

„Ach, ich bin ja schon so lange hier und ich kannte einen Verwandten des Präsidenten. Erst wollte ich eigentlich nicht, aber als es dann hart auf hart kam, habe ich ihn doch angerufen. Danach war alles ganz einfach." Sie zwinkert mir vergnügt zu.

Schnell wird sie allerdings wieder ernst. „Ein anderes Problem gibt es manchmal mit den Initiativen. Nach einer Zeit denken die Betreiberinnen oft, dass ich eine Kuh bin, die man melken kann."

„Dann kommen sie an und wollen, dass ich ihnen das Geld aushändige statt ihnen Lebensmittel, Kleidung etc. damit zu organisieren. Manchmal sprechen sie es auch aus. ‚Das Geld hast du doch für uns gesammelt. Es ist also unser Geld.' Aber ich bin ja nicht dumm. Das Geld verschwindet dann, und die, die es benötigen und eigentlich bekommen sollten, sind die Leidtragenden."

„Und wie reagieren Sie darauf?", will ich wissen. „Fühlen Sie sich dadurch nicht auch betrogen?"

„Doch schon, einfach ist es nicht. Denn man hat ja oft lange und intensiv zusammengearbeitet. Das tut schon weh. Aber das nützt ja alles nichts. Wenn ich hintergangen werde und auch ein Gespräch darüber keine Einsicht bringt, stelle ich das Engagement ein. Es gibt genug Menschen hier, die Hilfe brauchen. Dann geht das Geld woanders hin."

Klare Worte, klare Haltung. Hier sitzt mir ein Profi gegenüber, der mit allen Wassern gewaschen ist. Ich muss an Kerstin van Wyk denken, die viele Jahre in Namibia für die verschiedensten Hilfsorganisationen gearbeitet und ihre Erlebnisse in dem Buch *Missionarin ohne Heiligenschein* verarbeitet hat. Sie hatte mich darauf hingewiesen, dass Frauen, die in den Hilfsprojekten arbeiten, ihr Engagement oft einfach als Job betrachten. Sie wollten auch helfen, aber in erster Linie wollten sie eine Arbeit, für die sie bezahlt würden. Gebe es keinen Lohn oder sei der zu gering, nähmen sie sich eben etwas von den Hilfsgeldern, um Kleidung oder anderes davon zu kaufen. Sie hätten dabei auch kein schlechtes Gewissen, sondern das Gefühl, es stünde ihnen zu. Der Gedanke, dass man die Arbeit bei Hilfsprojekten als Grundlage für seinen Lebensunterhalt betrachtet und sie nicht leistet, weil man den Drang zum Helfen verspürt, ist nachvollziehbar. Wenn man keine Ausbildung hat, ist die Tätigkeit in einer Suppenküche vielleicht ein guter Job – und den Idealismus haben wir mit unserem deutschen Helfersyndrom, das wir uns im wahrsten Sinne des Wortes „leisten" können, hinzugedichtet.

Brigitte ist derweil schon beim nächsten Thema angekommen und lädt mich ein, mit ihr eine der Initiativen zu besuchen, in der das ganz anders ist – ¡Naras Kindergarten in Katutura. Das Engagement läuft bereits über mehrere Jahre, die Leiterin ist extrem verantwortungsbewusst und sparsam mit den zur Verfügung gestellten Mitteln. Ein Vorzeigeprojekt.

Ein großer Kameldornbaum steht auf ¡Naras Parzelle und spendet im Sommer den ersehnten Schatten, ein angenehmer Ort, den auch die Kinder aus der Nachbarschaft bald für sich entdeckten und sich immer häufiger zum Spielen hier trafen. Doch wenn die Regenzeit kam, was würde dann passieren? ¡Nara suchte Unterstützer und traf glücklicherweise auf Brigitte Pirot. Die sorgte für Baumaterial: Wellblech, Pfosten, Zement für das Fundament. ¡Naras Mann und seine Freunde übernahmen die

Bauarbeiten und heute gibt es ein Klassenzimmer für die Vorschule, einen Raum für den Kindergarten und ein Babyzimmer. Mittlerweile ist aus dem Schattenplatz im Garten ein richtiger Kindergarten für über 50 Kinder geworden. Die Eltern kostet das 100 Namibia-Dollar im Monat und sie stehen Schlange, denn viele wünschen sich einen Platz, an dem ihre Kinder sicher den Tag verbringen können, an dem sie geschützt sind vor den Gefahren, die die Straße mit sich bringt – Verkehr, Alkohol, Drogen. Obwohl ¡Nara mittlerweile mehrere Helferinnen beschäftigt, ist die Kapazität jetzt allerdings erschöpft. Als wir den Kindergarten besuchen, ist die Mittagsruhe gerade vorbei und ein Teil der Kleinen schon abgeholt worden. Ich kann gar nicht glauben, dass sonst noch mehr Kinder hier den Tag verbringen, denn noch immer spielen, laufen, lachen ca. zwei Dutzend um das kleine Haus herum und veranstalten einen ohrenbetäubenden Lärm. Ich bin beeindruckt, von den funktionalen, ordentlich aufgeräumten und pieksauberen Räumen und muss mir natürlich auch den ganzen Stolz von Brigitte und ¡Nara anschauen – den neuen Toilettentrakt. Brigitte hat wieder Geld eingesammelt, und ¡Nara konnte zwei Toiletten in einem festen Haus bauen, die mit Wasser aus einem großen Tank gespült werden. Das Wasser verkauft ihnen der Nachbar, der auf irgendwelchen Wegen einen Anschluss bekommen hat. Das Abwasser können sie in das System des Riviers leiten, das unterhalb des Grundstücks verläuft. Für Katutura ist das eine Luxussituation und ich beglückwünsche alle nach Kräften. Hier kam alles zusammen, was nötig war: die Lage des Grundstücks am Rand der Siedlung und am Rivier, der schattenspendende Baum, die zupackende Nama-Frau mit dem großen Herzen und der Vision sowie die Deutsche, die das Geld auftrieb. Das Ergebnis ist ein sicherer Hafen für 40 bis 50 Kinder jeden Tag. „Aber sollte dafür nicht eigentlich der Staat sorgen?", wage ich vorsichtig zu fragen. „Müsste der nicht hier die Kindergärten bauen?" Alle schnauben verächtlich. Das *Ministry for Gender Equality and Child Welfare*, das Ministerium für Geschlechtergleichstellung und Kindeswohl, schickte jemanden zur Bauabnahme, als die neuen Klassenräume fertiggestellt waren. Und der bemängelte, dass der von ¡Naras Mann gegossene Betonboden an einer Seite leicht abschüssig war. Das sei gefährlich für die Kinder und müsse erneuert werden. Ich kann es nicht fassen. Gefährlich für die Kinder? Ich blicke auf die Straße hinaus. Dort gibt es mehr Bodenwellen, Schlaglöcher und Geröll als ebene Flächen. Das ist die Umgebung, in der die Kinder in Katutura ihre Tage verbringen. Und da soll ein leicht abschüssiger, ansonsten aber glatter und gefegter Betonboden gefährlich für sie sein?

„Und was habt ihr gemacht?", will ich wissen.

„Na ja, wir haben den Boden neu gegossen." ¡Nara zuckt mit den Achseln. Das Wichtigste für sie ist, dass sie die Anerkennung als Kindergarten bekommen hat. Alles ist jetzt legal. Von den Gebühren der Eltern kann sie sich ein Gehalt zahlen und Geld zurücklegen für weitere Investitionen. ¡Nara hat es geschafft. Und sie hat das Projekt auf eigene Füße gestellt. Sie wünscht sich, dass sie irgendwann auch ohne die Hilfe von Brigitte Pirot und deren Geldgebern auskommen wird, doch zunächst muss sie ein Diplom in *Early Childhood Care* erwerben. Erst dann zahlt der Staat die Gehälter der Angestellten. Denn das kann mit den Gebühren für die Tageskinder nicht erwirtschaftet werden. Zu oft kommt es vor, dass Mütter die 100 Dollar nicht oder nur zum Teil bezahlen können, und ¡Nara will deswegen kein Kind ausschließen. Zu groß ist die Not in der Township. Ich bin sicher, dass ich noch viel von dieser energischen Frau hören werde.

So weit möchten Susan Gawanas und Mary Katjivi von der *Hope Foundation* auch kommen, und das ist der Grund, weshalb sie mich eingeladen haben, ihr Projekt anzuschauen. Sie hoffen auf Unterstützung, wie ¡Nara sie bekommen hat. Mary telefoniert den ganzen Tag und versucht, bei Botschaften und Hilfsorganisationen Mittel aufzutreiben. Als wir nach Katutura rausfahren, ruft gerade die ungarische Botschaft zurück. Leider keine Töpfe für Community Projects. Schade. Aber natürlich wird sie weitermachen, in ein paar Tagen hat sie einen Termin bei der deutschen Botschaft. Endlich.

Auf den ersten Blick sieht die Gegend besser aus als bei ¡Nara. Hier, nur ein paar Ecken entfernt von der Hans-Dietrich Genscher Allee, die Katutura von Süden nach Norden durchschneidet, stehen gemauerte Häuser, nicht nur Wellblechhütten, davor Autos in allen Facetten von blinkend neu bis schrottreif. Vor einem breiten Hoftor halten wir an. Hier ist es. Die *Hope Foundation,* Susans Haus, das sie kurzentschlossen geöffnet hat für die schutzlosen jungen Mädchen aus der Nachbarschaft.

„Schau dich um“, sagt Mary und tritt mit mir auf die Straße. Katutura ist hügelig und von dieser Seite kann man zum Teil in die Hinterhöfe gucken. Da sehe ich sie wieder, die Wellblechhütten. Offenbar haben die Besitzer der Häuser ihre Höfe als „Baugrundstücke“ verkauft oder vermietet – wenn man das in Bezug auf die Wellblechhütten überhaupt so bezeichnen kann.

„Da sind überall Shebeens, und die Drogenhändler sind auch überall. Die meisten Mädchen hier haben kein Zuhause, in dem sie sicher schlafen können, geschweige denn, etwas zu essen bekommen. Viele Mütter liegen in der Ecke und sind total besoffen, und wenn nur die da liegen, dann geht es noch. Aber oft sind da auch noch die „Onkel“, richtige Verwandte oder Freier der Mütter, und die sind natürlich die größte Gefahr für die Mädchen. Also laufen sie auf den Straßen rum, wo es auch nicht sicher ist. Mittlerweile hat sich aber rumgesprochen, dass sie zu uns kommen können und dass es hier etwas zu essen gibt. Und wenn es ganz schlimm ist zu Hause, können sie auch hier schlafen. Wir haben nur leider noch nicht genug Betten. Das ist eines der Dinge, für die wir Sponsoren suchen.“

„Kümmert ihr euch nur um Mädchen?“, will ich wissen. Ich kann mir vorstellen, dass es den kleinen Jungen in dieser Gegend nicht viel besser geht.

„In erster Linie schon, denn sie sind am stärksten gefährdet. Aber wenn hier ein Junge auftaucht und der hat Hunger oder will reinkommen – dann schicken wir ihn nicht weg. Wir haben nicht viel. Oft gibt es nur Toastbrot mit Marmelade, aber wir schicken keinen weg.“

Ich schaue mich um. Susans Haus ist ein Steinhaus – und es ist groß! Fünf Schlafzimmer zähle ich, von denen eines der Hausherrin gehört – zumindest nachts, denn jetzt sitzen da drei Jungs und verfolgen gespannt eine TV-Serie – und in den anderen liegen ein paar Matratzen auf dem Boden. Das Wohnzimmer ist riesig, bestimmt vierzig Quadratmeter groß und wird beherrscht von einem ausladenden Holztisch, der offensichtlich der Mittelpunkt des Hauses ist, vielleicht des ganzen Projektes. An einem Ende des Tisches sitzt Susan und füllt Projektanträge aus, ein paar Mädchen hocken auf der anderen Seite und kichern verlegen. Aber viele sind heute nicht da.

„Es sind gerade Schulferien", klärt Mary mich auf. „Da gehen doch einige zurück in ihr Dorf. Abends kommen mehr."

Die Küche besteht aus vier Elektro-Herden, die nebeneinander an einer Wand des großen Wohnzimmers stehen. Allesamt gebraucht und gespendet. Nun werden hier Koch- und Backkurse für die Mädchen veranstaltet. Die müssten ja beschäftigt werden, damit sie nicht auf dumme Gedanken kämen. Und wenigstens kochen zu können, helfe ihnen auch in ihrem späteren Leben. In der Schule hätten es die meisten schwer. Ihnen fehlt die Unterstützung von zu Hause, und nicht alle schaffen es, den regelmäßigen Schulbesuch allein hinzukriegen.

„Wir müssen ihnen eigentlich alles beibringen, angefangen bei der Hygiene, dass es wichtig ist, sich täglich zu waschen, die Zähne zu putzen und so weiter. Aber auch Routine und Zuverlässigkeit, dass du jeden Morgen zur Schule gehen musst und nicht nur manchmal."

Einige der Mädchen stehen aneinandergedrängt an der Seite des Hofes und verfolgen scheu, aber fasziniert unsere Unterhaltung.

Ich bin für sie wie eine Figur aus einer Reality-Soap, schießt es mir durch den Kopf, und als ich das ausspreche, lacht Mary, wird aber gleich wieder ernst.

„Es ist so selten, dass sie etwas anderes sehen als dieses Elend hier." Mit einer großen Geste beschreibt sie einen Zirkel, der das Haus und das umliegende Viertel vor der Tür mit einschließt. Einen Armutszirkel, vielleicht sogar einen Elendszirkel, denke ich.

„Viele sind noch nie hier herausgekommen", erklärt Mary weiter. „Sie waren noch nie in Windhoek, kennen nur diese Gegend hier."

Susan und Mary wünschen sich, dass jemand Ausflüge für die Mädchen sponsert. Ausflüge nach Windhoek. Damit sie sehen, wie man auch leben kann. Damit sie sich Ziele setzen und die Energie aufbringen, gegen alle Hindernisse doch eine Schulbildung, eine Ausbildung zu machen. Damit sie nicht den Weg gehen, den so viele von ihnen nehmen – aus der Unwissenheit in die Perspektivlosigkeit, in Alkohol, Drogen, Prostitution …

Mittlerweile, während ich diese Geschichte schreibe, hat die deutsche Botschaft sich bereit erklärt, die *Hope Foundation* zu unterstützen. Es können Schlafplätze für mehr Mädchen eingerichtet werden, richtige Betten angeschafft, regelmäßiges Essen angeboten werden. Ein Safari-Unternehmen hat zugesagt, einen Bus mit Fahrer zur Verfügung zu stellen, der einmal pro Monat einen Tagesausflug mit den Mädchen machen wird. Die *Hope Foundation* hat wieder einen kleinen Sieg errungen in ihren Bemühungen, noch vielen jungen Frauen den Weg in eine selbstbestimmte Zukunft zu ebnen.

„Aber was tut der Staat für diese jungen Menschen?", werden sich mit Sicherheit viele Leser fragen. „Sind das nicht die Aufgaben des Staates, Schutzbedürftige zu schützen, ihnen sichere Lebensumstände zu ermöglichen oder zumindest die Initiativen zu unterstützen, die genau das tun? Was unternimmt der namibische Staat?"

Ich frage mich das auch. Ich bewundere Mary und Susan, freue mich für die Mädchen, die hier Hilfe gefunden haben, und doch frage ich mich, ob dies der richtige Weg ist. In der *Hope Foundation* können rund 20 Mädchen betreut werden, vielleicht auch 40, wenn man noch ein bisschen mehr zusammenrückt. Aber es gibt so unglaublich viele Waisen und schutzbedürftige Kinder in Namibia. In diese Kategorie fallen Kinder, die unter 18 Jahre alt sind und mindestens einen Elternteil verloren haben. Dabei ist es schon schwierig, aktuelle Zahlen darüber zu erhalten, wie viele es tatsächlich sind. Am 20.10.2015 berichtete der *Namibian* über eine Erhebung der *Namibia Statistics Agency*, nach der im Jahre 2014 150.745 Kinder in Namibia als schutzbedürftig eingestuft wurden, davon seien 52,8 Prozent Mädchen. 9.148 schutzbedürftige Kinder lebten in der Khomas-Region, zu der Windhoek gehört, die meisten von ihnen jedoch im Norden des Landes. Ich kann diesen Bericht auf der Homepage der *Namibia Statistics Agency* zwar nicht finden, doch der *Namibian* ist in der Regel eine zuverlässige Quelle. Ähnliche Zahlen finde ich auch im Annual Report 2013/14 des *Ministry of Gender Equality and Child Welfare*.

Danach zahlte das Ministerium zwischen April 2013 und März 2014 Unterstützungsleistungen für 151.244 Kinder. Davon lebten 8.919 in der Khomas-Region, 4.596 oder

51,3 Prozent waren Mädchen und 4.323 oder 48,7 Prozent Jungen. Im ganzen Land wurden im genannten Zeitraum 326,6 Millionen Namibia-Dollar (NAD) als Unterstützungsleistungen aufgebracht, eine auf den ersten Blick beeindruckende Summe. Auf den zweiten Blick stelle ich fest: Das bedeutet, dass pro Kind und Jahr 2.159 NAD gezahlt wurden oder 179 NAD im Monat. Natürlich kann man diesen Betrag nicht einfach mit dem herrschenden Wechselkurs von fast 17 NAD für den Euro berechnen. Der Wechselkurs bildet die Kaufkraft ja nicht korrekt ab, und da diese wohl eher bei 10:1 liegt, würde jedes Kind das Äquivalent von ca. 17 Euro pro Monat bekommen. Namibia ist nicht Deutschland, nicht Europa, und arme Kinder leben in der Regel in Katutura, für sie wird nicht in den teuren Supermärkten der Innenstadt eingekauft, und doch: 179 Namibia-Dollar pro Monat können hinten und vorne nicht reichen. Dafür bekommt man 10 Brote (95 NAD), 5 Kilo Maismehl (48 NAD) und 2 Kilo Zucker (35 NAD) – mehr nicht. Was ist mit den Kosten fürs Wohnen, für Körperpflege, Schuluniform und Schulgebühren? Können wir das – nach unserem Verständnis - wirklich Waisenunterstützung nennen? Oder ist es nicht vielmehr nur eine magere Beihilfe – ein Zubrot sozusagen. Wie überlebt ein Kind, das Vollwaise ist und keine Verwandten hat – oder wie so oft nur Verwandte, die kein Einkommen haben – von 180 Namibia-Dollar im Monat? Ich weiß es nicht. Offenbar wissen es auch die Verantwortlichen nicht, denn im *Budget Statement* 2014 der Finanzministerin finde ich die Ankündigung einer Erhöhung der Unterstützung pro Kind auf 250 Dollar. Ich frage mich, ob ich beeindruckt sein soll –

oder entmutigt. Auch in den Jahren 2017/18 hat sich an diesem Betrag nichts geändert. Der Anteil der Child Grants macht gerade einmal 1,5 Prozent des Gesamthaushalts aus.

Und wie sieht es bei den Hilfsinitiativen aus, den Community Foundations, die sich wie Susan und Mary mit ihrer *Hope Foundation* um schutzbedürftige Kinder kümmern? 18 (!) Initiativen wurden 2013/2014 landesweit unterstützt, die sich um etwas mehr als 600 Kinder bemühten – 600 von 151.000 Waisen. In der Khomas-Region um Windhoek ist das Verhältnis etwas besser: Sieben geförderte Initiativen kümmern sich um knapp 300 Kinder. 300 – von rund 9.000 ...

Diese 18 Initiativen bekommen ebenfalls Unterstützung vom Ministerium, insgesamt rund vier Millionen Namibia Dollar, genauer gesagt 4.111.876,76. Das klingt zunächst einmal viel. Teile ich es jedoch durch die Anzahl der nach dem Bericht geförderten Kinder ergibt sich eine durchschnittliche Zahlung in Höhe von 239 Namibia-Dollar im Monat. Nur zwei Initiativen erhalten deutlich abweichende höhere Summen.

Nun gut, könnte man einwenden, Namibia ist kein reiches Land. Es tut, was es kann. Aber ist das wirklich so? Tut ein Land, was es kann, wenn für neue Regierungsgebäude mehr Geld ausgegeben wird als für Kinder, wenn Hunderte von Millionen in Prestigeprojekte fließen, aber nur ein Bruchteil davon für die Kinder des Landes zur Verfügung gestellt werden? Ich fürchte, dass man dieses Missverhältnis in vielen Ländern beklagen könnte, leider. Vielleicht auch in Deutschland, wo die Nicht-Regierungsparteien in schöner Regelmäßigkeit unausgewogene Budgetgewichtungen anprangern. Doch in Namibia geht es nicht um „mehr“ oder „besser“, hier geht es ums nackte Überleben. Das Überleben der Schwächsten ist durch den Staat nicht gesichert, ohne die privaten Hilfsprojekte gäbe es vermutlich eine Katastrophe. Für mich sieht es so aus, als verließe sich der namibische Staat darauf, dass die Hilfsorganisationen „es schon richten werden“. Aber ist das – jenseits jeder moralischen Bewertung – überhaupt realisierbar?

Wenn wir nur die Region Khomas mit ihren rund 9.000 Waisen betrachten, würde man mehr als 200 Community Foundations wie die *Hope Foundation* benötigen, um diese Kinder zu betreuen – und Tausende im ganzen Land. Ist das vorstellbar? Zugegeben, es gibt eine Vielzahl von Hilfsorganisationen, manche größer und im ganzen Land vertreten, wie z. B. das von dem Hamburger Unternehmer Dr. Michael Hoppe gegründete *Steps for Children*, manche klein und von effizienter Frauenpower betrieben wie die von Brigitte Pirot. Doch wo ist das Hilfsprogramm, die Unterstützung des namibischen Staates für diese Kinder? Darf es wirklich sein, dass ein Land die Fürsorgepflicht für einen großen Teil seiner zukünftigen Bevölkerung privaten, meist ausländischen Initiativen überlässt?

Ich blicke auf mein Smartphone. Auf dem *Namibian Women Summit* haben Mary und ich ein Selfie aufgenommen. Eine junge Frau strahlt in die Kamera, voller Elan und Zuversicht – weil sie ein Ziel hat, weil sie helfen will, dass es immer mehr jungen Frauen gut geht in diesem Land. Brigitte und ¡Nara, Susan und Mary und all die anderen, die ich hier nicht nennen konnte – sie sind die Unerkannten Heldinnen Namibias.

Feste feiern

Was man in Windhoek macht, wenn man nicht arbeitet oder auf Safari geht, und warum niemand hier auf Lady Gaga wartet.

„Ich bin so müde“, stöhnt mein Stiefsohn Thomas, als ich ihn nach tagelangen Versuchen endlich ans Telefon bekomme. „Wir sind total im Karnevalsstress!“ Thomas lebt im Moment in Bonn und macht dort seine Ausbildung. „Das kann ich mir vorstellen“, entgegne ich lachend. „Kölner Straßenkarneval, das ist schon eine andere Nummer als in Windhoek, oder?“ „Ach, eigentlich nicht“, lautet zu meiner Überraschung seine Antwort. „Haben wir auch alles! Wagen und Kamellen und Juka für die jungen Leute und ... und ... WIKA ist eigentlich genauso wie hier!“ Wenn da mal nicht das Heimweh spricht, denke ich schmunzelnd. Aber tatsächlich gehört zu den Kuriositäten, die die kurze deutsche Kolonialzeit in Namibia hinterlassen hat, nicht nur die Bezeichnung des Küstenorts Swakopmund als „südlichstes Ostseebad Deutschlands“ und die Verbreitung von Kartoffelpüree, sondern auch der Karneval. WIKA findet, wie am Namen unschwer zu erkennen ist, in Windhoek statt – und im April statt im Februar. Bei durchschnittlichen Temperaturen von über 30 Grad fürchtet man wohl, dass die Kostümierten am Hitzschlag sterben und die schönen Gesichtsbemalungen in langen Schweißbahnen das Gesicht herunterlaufen könnten. Doch vom Termin abgesehen, hat WIKA – zumindest nach Thomas Meinung – alles, was ein richtiger Karneval zu bieten hat: Einen Zug mit Prunkwagen durch die Windhoeker Innenstadt, Bonbons werden geworfen und vor allem – es wird gefeiert, was das Zeug hält. Und wer da denkt, dies könne ja nur eine deutsche Angelegenheit sein, der irrt. WIKA ist *die* Gelegenheit, mit Freunden und Kollegen einmal so richtig, „die Sau rauszulassen“ – und so eine Gelegenheit lässt kein ordentlicher Namibier ungenutzt. Außer dem Mann an meiner Seite. Der geht nicht hin. Nie. Oder besser wohl: nie mehr. „Da tanzen nackte Frauen auf den Tischen, sturzbetrunken, und da läuft wer weiß was ab. Das ist nichts für uns!“ Ich blicke ihn zweifelnd an und überlege nicht zum ersten Mal, was er mir aus seiner Vergangenheit wohl alles verschwiegen hat: nackte Frauen? Table-Dance in Windhoeks Bars? Ich kann es nicht glauben, und das ist auch gut so, denn ein alter Schulfreund verrät mir später, dass Kurt mal unglaublich verliebt war in eine Mitschülerin und dann war Karneval und alle waren ausgelassen und eins kam zum anderen – und Kurt war abgemeldet. Na, denke ich, noch eine Gemeinsamkeit mit dem deutschen Karneval. Auch da führt die Kombination von Feierlaune, Alkohol und Schunkeln regelmäßig zu Seitensprüngen. Wieso sollte das in Windhoek anders sein? Doch Kurt war das offenbar peinlich und daher hat er sich diese Geschichte mit dem Table-Dance ausgedacht. Sei's drum, denke ich schmunzelnd und packe meine Tasche für den Kurztrip auf meine Lieblingslodge, den er wieder – so ein Zufall! – für die Karnevalswoche gebucht hat.

Vor meinem Umzug nach Namibia habe ich in einer der – nach allgemeiner Ansicht – attraktivsten Städte Deutschlands gelebt, in Hamburg. Und viele meiner Freunde warnten mich besorgt, ich würde mich langweilen in Windhoek. „Auf Safari gehen, das ist ja eine Sache. Aber was machst du, wenn du nicht in der Wüste unterwegs bist? In Windhoek ist doch nichts los!" Aber die hatten einfach keine Ahnung. In Windhoek ist immer was los – oder doch zumindest oft genug. Einen Unterschied zu meinem alten Leben gibt es allerdings: In Hamburg hatte ich am Wochenende oft hin und her überlegt, welches der unzähligen Angebote zur Freizeitgestaltung ich denn am besten wahrnehmen sollte. Gehe ich auf das Konzert im Stadtpark? Oder auf den großen Flohmarkt? Oder in die Ausstellung? Oder beides, oder alles ... oder ... oder ... oder ... Es gab nicht wenige Samstage, an denen ich erschöpft von der langen Arbeitswoche vor diesem Überangebot an Attraktionen kapitulierte und lieber gemütlich zu Hause blieb. In Windhoek kann dir das nicht passieren. Hier gibt es kein Überangebot – sondern immer nur eine große Attraktion zur Zeit. Und wenn die stattfindet, dann geht man hin. So einfach ist das. Da trifft man dann natürlich auch alle anderen, die man kennt, denn die machen es genauso. Und das ist ja noch eine zusätzliche Attraktion. Wobei der verwöhnte nordeuropäische Großstadtmensch das Wort „Attraktion“ vielleicht in Anführungszeichen setzen würde. Ob die anderen Windhoeker mir böse wären, wenn ich unsere Ereignisse hier als „B-Event“ bezeichnen würde? Während in Deutschland die internationalen Pop- und Rockstars beinahe wöchentlich die Arenen füllen, freuen wir uns hier, wenn Heino kommt. Oder Hermann van Veen – ja, der lebt noch! – oder ... Aber Bryan Adams war auch schon hier und Scooter, jawohl. Und beide natürlich in null Komma nix ausverkauft.

Wunderbarerweise ziehen sich die Gelegenheiten durch das ganze Jahr, sodass man immer was zu feiern hat. Das Windhoeker Eventjahr startet im Februar mit *Volleyball for all*, einem unglaublichen Sportfest, bei dem jeder sich mit ein paar Freunden als Volleyballmannschaft anmelden kann – und dann gegen alle spielt. 240 Mannschaften können mitmachen und noch viel mehr stehen auf der Warteliste. Da spielen Familien, Freunde, Bürogemeinschaften, aber auch Sportclubs lustig zwei Tage lang immer wieder gegeneinander. Auf dem Gelände des DTS Clubs in Olympia sind unzählige Volleyballfelder abgesteckt, auf denen immerzu der Ball übers Netz gebaggert oder geschmettert wird – zwei volle Tage, praktisch ununterbrochen, von morgens bis abends. Um die Spielfelder herum sitzen die, die gerade nicht dran sind, und tun das, was ohnehin das Wichtigste an jeder namibischen Freizeitveranstaltung ist: essen, trinken, „kak“ reden. Damit nicht jeder seinen eigenen Braai mitbringt und die ganze Wiese verräuchert, sind große Braairoste aufgebaut, an denen es alles gibt, was das Herz begehrt. Auch Getränke natürlich, obwohl viele sich mit gut gefüllten Kühltaschen auf den Weg machen – und mit Klappstühlen, Klapptischen, Sonnensegeln. Vermutlich fragen sich einige, ob ich hier mal wieder von einer elitären, rein weißen Veranstaltung berichte. Wobei „elitär" und „weiß" sich ja schon lange nicht mehr zwangsläufig bedingen. Die Antwort ist einfach: Es spielen Freunde, Familien, Bürogemeinschaften oder Hobbygruppen zusammen und damit ist der Event ein Querschnitt durch alle namibischen Ethnien. Zugegeben, ein Querschnitt der neuen bürgerlichen Mittelschicht, zumindest nach meinem Eindruck, aber von rein weiß kann hier nicht die Rede sein.

Im März darf man sich erholen, dann kommt im April der WIKA, im Juni das Biltong-Festival und die Tourismus-Expo, im August der Schulbasar der DHPS, im September die als *Windhoek Show* bekannte Verbrauchermesse und dazwischen immer wieder Sport-Events, wie das Endspiel der High School-Rugbymeisterschaften, Rollerhockey-Derbys und andere mehr.

Als ich das erste Mal auf dem Schulbasar der DHPS war, hatte ich keine großen Erwartungen. Die Tochter einer Freundin war dort Schülerin, also gingen wir hin, weil man eben hingeht, wenn was los ist. Und ich erlebte ein Volksfest, bei dem die Schüler wieder einen der Windhoek-typischen Tage geschaffen hatten. Mit leckerem Essen, Sport und Spielmöglichkeiten, und reichlich Gelegenheit, im windgeschützten Innenhof der Schule – immerhin war es August, die Zeit der kalten Winde – zu sitzen und mit Freunden zu klönen. Zu schade, dass ich das mit selbst gebackenen Kreationen bestückte Kuchenbuffet nicht fotografiert habe, auf dem die ausgefallensten Tortenkreationen um die Aufmerksamkeit der Besucher buhlten. Die aufwendigsten gebackenen Kunstwerke wurden nur im Ganzen verkauft, weniger opulent dekorierte, schmackhafte Apfelkuchen, Käsekuchen, Sahneschnitten oder Möhrenkuchen konnten wir stückweise erwerben und bei einer Tasse Kaffee gleich verzehren. Die Torten waren natürlich Spenden der Eltern, alle Mitwirkenden Freiwillige.

Im Oktober gibt's selbstverständlich auch ein Oktoberfest. Angesichts der Tatsache, dass ja unzählige Oktoberfeste auf der ganzen Welt gefeiert werden, wäre es doch wirklich verwunderlich, wenn ein Land mit so eindeutigem deutschen Einfluss keines hätte. Da kann man sich bei Hau-den-Lukas und beim Wettsägen vergnügen, und es spielen die *Kirchdorfer*, die sich „die originale bayerische Oktoberfestband" nennen – wie sie es schon seit 1994 auf dem Münchener Fest tun. Möglich ist das, weil die Windhoeker Veranstaltung tatsächlich im Oktober stattfindet und nicht im September wie in der bayerischen Hauptstadt. Meine Stiefsöhne konnten das gar nicht verstehen, als sie das erste Mal nach München kamen: Wieso im September? Wegen der Nachtfröste im Oktober, erklärte ich. Weil da Betrunkene nachts erfrieren könnten. „Ach so." Keine Gefahr in Windhoek – also gibt's ein Oktoberfest im Oktober – und zur Sicherheit gleich noch ein zweites in Swakopmund. Immerhin geht es bei dieser Veranstaltung hauptsächlich ums Biertrinken – und da ist es sicher besser, dass die zweite namibische Metropole ihr eigenes Fest hat. Bevor all die Gäste mit weitaus mehr als den gesetzlich erlaubten 0.05 Promille Restalkohol auf die B1 fahren und sich womöglich umbringen. Es sind ja ohnehin schon 34 Prozent aller Autounfälle in Namibia alkoholbedingt.

Aber Windhoek hat auch kulturell durchaus etwas zu bieten: Es gibt Kunstausstellungen, Spoken-Word-Poetry-Slams, gut besucht von einem jungen, gemischten Publikum, Konzerte mit lokaler Musik, wissenschaftliche Vorträge und Autorenlesungen. Alles Veranstaltungen, die ein, wenn auch oft kleines, Stammpublikum haben.

Ein bisschen provinziell diese Art von Vergnügungen? Vielleicht. Aber nur, wenn man sie unbedingt mit denen vergleichen will, die in großen Metropolen geboten werden. Auf dem Land und in Kleinstädten in Deutschland, England oder sonstwo in Europa wird es vermutlich nicht viel anders zugehen. Windhoek ist zwar eine Hauptstadt, aber eigentlich nur eine mittlere Stadt von der Größe Wuppertals oder Bochums in einem riesigen, dünn besiedelten Land. Die Einkommensverhältnisse sind hier in allen ethnischen Gruppen eher bescheidener als wir es aus Deutschland kennen, und deshalb ist eines besonders wichtig, wenn man hier lebt: Nicht darauf zu warten, dass irgendwann eine Lady Gaga im Hage Geingob Stadion auftritt, sondern feiern, und sei es mit Heino – und zwar miteinander und so oft wie möglich.

Jung, intelligent und – ohne Chancen

Worauf es ankommt, wenn mehr als die Hälfte der Bevölkerung jung ist, und wieso Wachstum für Namibia die einzige Option sein kann.

„Hey, es gibt super Neuigkeiten!" Selbst durchs Telefon kann ich spüren, wie mein Stiefsohn Sven strahlt. „Jupp kommt jetzt auch nach Deutschland. Der hat die Nase voll von Namibia. Ohne Ausbildung oder Uni-Abschluss kann man da ja keinen Job mehr finden, der einen über die Runden bringt", sagt er. „Und er hat doch schon eine Frau und eine Tochter. Und nun hat er eine Lehrstelle gefunden als Elektriker, und der Ort ist nur knapp 70 Kilometer weg von hier."

70 Kilometer Entfernung – das ist nichts nach namibischen Maßstäben. Sein Kumpel wird quasi „um die Ecke" wohnen, und ich freue mich für Sven, dass er mit seinem besten Schulfreund dann mal abends ein Bier zusammen

trinken und voller Sehnsucht von Namibia erzählen kann. Viele Kinder deutschstämmiger Namibier haben durch ihre Eltern noch einen deutschen Pass und damit stehen ihnen in einem Deutschland mit Handwerkermangel alle Türen offen. Deutsche Lehrstellen können nicht besetzt werden, namibische Youngster suchen eine praxisnahe Ausbildung, mit der sie wieder nach Hause gehen und dort arbeiten können – das passt gut zusammen. Die jungen Namibier entscheiden sich in der Regel für solide handwerkliche Berufe: Kfz-Mechaniker, Elektriker, Klimatechniker etc. und sie sind bei deutschen Ausbildungsbetrieben beliebt: Wer in Namibia den Abschluss an einer weiterführenden Schule besteht, früher „Matrik" genannt, heute NSSC (*Namibia Senior Secondary Certificate*), hat zwölf Jahre lang die Schulbank gedrückt und wurde unter Umständen auch in so nützlichen Fächern wie technisches Zeichnen unterrichtet. Damit ist man in der Regel besser vorbereitet auf eine handwerkliche Ausbildung als ein normaler deutscher Mittelschüler, und das namibische NSSC wird in der Regel auch als Mittlerer Schulabschluss, früher Realschulabschluss oder Mittlere Reife, anerkannt. Zumindest in der Theorie. In der Praxis sorgt das deutsche föderale System dafür, dass jedes Bundesland nach eigenen Regeln verfährt. Besser ist es, man lässt sein Zeugnis nicht in Bayern umschreiben, wie der Sohn meiner Freundin Sonja leidvoll erfahren musste. Dort behalten sich die Schulbehörden vor, notenabhängig auch nur einen deutschen Hauptschulabschluss für den namibischen Schulabschluss zu geben. „Zwölf Jahre Schule, Abschluss gemacht und nun werde ich eingestuft wie diese Hauptschüler, die nix können", heulte er aufgebracht ins Telefon. Und er ist kein Einzelfall. Svens Freund Olaf hätte einen Ausbildungsplatz an der Lufthansa-Pilotenschule bekommen können, er hatte den Einstellungstest bestanden, musste nur noch sein Zeugnis nachreichen, dann kam die Nachricht, es gebe auch für ihn und sein NSSC nur einen Hauptschulabschluss – nach dreizehn Jahren Heimunterricht auf der Farm. Begründung der Zeugnis-Umschreibungsstelle, diesmal in Hamburg: Die letzten drei Jahre sei der Unterricht ja auf Englisch erfolgt – das könnten sie nicht anerkennen. Seine Schwester hatte den gleichen Abschluss mit schlechteren Noten in Bremen umschreiben lassen – und problemlos einen deutschen mittleren Schulabschluss bekommen. Olaf wird nun erst mal Metallbauer und träumt immer noch davon, vielleicht doch später eine Fachhochschulreife nachmachen zu können. Die Lufthansa hat ihm zugesagt, auf ihn zu warten. Aber wie lange? Ich will diese Geschichten nicht glauben, möchte annehmen, dass die Jungs – und ihre Eltern – alles falsch verstanden und alles falsch gemacht haben, dass es nicht unser deutsches System war, sondern die Naivität dieser Auslandsdeutschen. Aber wäre nicht auch das beschämend? Es gab sicher gute Gründe, ein föderales Bildungssystem in Deutschland einzuführen. Doch dass damit ein Zutritts-Dschungel geschaffen wurde, in dem sich normale Namibiadeutsche nicht zurechtfinden, finde ich zutiefst bedauerlich.

Sonjas Sprössling hat dann doch seine Wunschausbildung bekommen – trotz des Hauptschulzeugnisses. Sein Betrieb sah sich auch die namibischen Zeugnisse an und entschied sich schnell für ihn, denn für deutsche Handwerker sind namibische Kinder ein Traum. Sie folgen erst und fragen dann, sind in der Regel höflich, pünktlich und sie haben nur ein Ziel im Blick: So schnell wie möglich so viel wie möglich lernen, damit es schnell zurückgehen kann.

Das wollen nämlich fast alle: wieder nach Hause gehen, nach Namibia. Wer in diesem sonnigen weiten Land geboren wurde, kann sich nur schwer auf Dauer in Deutschland einrichten, mit seinen eng bebauten Städten, den vielen Menschen und den vielen grauen Tagen. Einige schaffen es – und tragen die Sehnsucht doch immer im Herzen, wie Günther, der in den 1980er Jahren nach Deutschland ging, um dort eine Ausbildung zu absolvieren, der sich dort verliebte, heiratete und Kinder bekam. Er blieb, um bei seinen Kindern zu sein – denn deren Mutter wollte nicht in dieses „wilde Land in Afrika". Er entschied sich für die Familie und gegen Namibia und träumt doch bei jedem seiner Besuche in Windhoek laut davon, zurückzukommen. Jetzt, wo die Ehe geschieden ist, die Kinder längst groß sind und ihn nicht mehr brauchen, da könnte er heimkehren – aber nun hat er nur noch zehn Jahre bis zur Rente, und wäre es nicht fahrlässig, die sausen zu lassen und nach Namibia in eine ungewisse Zukunft zu ziehen? Sein Bruder hatte ihm beim letzten Namibiabesuch ein paar Vorstellungsgespräche vermittelt, die vor allem eines zeigten: Die Zeiten, in denen man hier auf Ausländer oder Rückkehrer wartete, um offene Stellen zu besetzen, sind vorbei. Die Wirtschaft lahmt, in allen Bereichen werden Stellen abgebaut, längst gibt es mehr ausgebildete junge Menschen als entsprechende Jobs, und das führt dazu, dass die Arbeitgeber am Drücker sind und die ohnehin niedrigen Gehälter weiter sinken. Auch diejenigen Schulfreunde meiner Stiefsöhne, die in Namibia eine „gute" Anstellung bei einem sicheren Unternehmen gefunden haben, verdienen nicht genug Geld, um sich eine eigene Wohnung leisten zu können, und müssen nach wie vor zu Hause wohnen.

Wem eine handwerkliche Ausbildung nicht gefällt oder nicht genügt, wer studieren will, dem ist in der Regel der Weg ins studiengebührenfreie Paradies Deutschland versperrt – es sei denn, seine Eltern hatten die Weitsicht und die Mittel, ihn auf der Deutschen Höheren Privatschule DHPS in Windhoek das Deutsche Internationale Abitur machen zu lassen. Wer an seiner namibischen Oberschule den NSSC-Abschluss auf dem sogenannten „Higher Level" erwerben konnte, hat nach einem Jahr Kollegstufe ebenfalls eine Chance darauf, in Deutschland zum Studium zugelassen zu werden. Oder er geht nach Südafrika, wo das NSSC ebenfalls zum Hochschulzugang berechtigt. Doch dafür braucht man wieder Eltern mit Geld, denn wie an der DHPS sind auch an den Universitäten in Südafrika die Studiengebühren hoch, selbst für deutsche Einkommensverhältnisse. Wer sehr intelligent ist, wie Jochen, der Freund meines Stiefsohns Thomas, dem gelingt es vielleicht, eines der begehrten Stipendien zu ergattern, mit denen z. B. südafrikanische und namibische Firmen sich vielversprechende Talente sichern. Dabei muss man sich verpflichten, im Anschluss an das Studium für vier oder fünf Jahre in der betreffenden Firma zu arbeiten. Eine Auflage, die in der gegenwärtigen schwierigen Arbeitsmarktlage kein Handicap ist, sondern ein Plus, denn so ist der erste Job nach der Uni bereits gesichert. Doch das sind Einzelfälle. Für die meisten jungen Namibier aus „normalen“ Verhältnissen geht der Studienwunsch nur in Namibia in Erfüllung. Die *University of Namibia*, UNAM, und die NUST, die *Namibia University of Science and Technology*, haben sich in den letzten 30 Jahren stark entwickelt und bieten mittlerweile ein breites Angebot an Studiengängen. Doch auch hier muss man Studiengebühren zahlen – immerhin rund 8.500 Namibia-Dollar pro Jahr an der UNAM und zwischen 20.000 und 40.000 Namibia-Dollar, abhängig von der gewählten Fachrichtung, an der NUST. Das sind Summen, die die meisten jungen Namibier nur mithilfe von Darlehen aufbringen können, und so starten sie bereits mit Schulden in ihr Berufsleben. Immerhin, wer hier studiert, um Buchhalter, Hotelfachwirt (*Hospitality Management*) Lehrer oder Social Worker zu werden, oder eines der anderen Fächer wählt, die Chancen in Wirtschaft, Finanzen und Tourismus bieten, der hat bessere Chancen als seine Altersgenossen, der hohen Jugendarbeitslosigkeit zu entgehen. Es gibt auch noch die IUM (*International University of Management*), die einzige Private Universität in Namibia, die sich ursprünglich auf betriebswirtschaftliche Studienrichtungen spezialisiert hat und diese etwas preiswerter anbietet als die NUST. Die IUM unterhält auch Einrichtungen in Ongwediva, Nkurenkuru (Okavango-Region), Swakopmund und Walvisbay und nimmt viele Studenten aus den ländlichen Gebieten Namibias und dem afrikanischen Ausland, insbesondere Angola, auf, die an der UNAM und NUST keinen Studienplatz bekommen, weil sie die Aufnahmebedingungen dort nicht erfüllen. Immerhin rund 8.000 Studenten versuchen, auf diesem Weg einen Hochschulabschluss zu ergattern oder wenigstens irgendeine Art von Zertifikat, das ihre Chancen auf dem Arbeitsmarkt verbessert.

„Nur“ rund 18 Prozent der jungen Namibier mit einem abgeschlossenen Studium sind ohne Job. Sie sind die sichtbarste Gruppe unter den jungen Arbeitslosen, organisieren Protestmärsche und Diskussionsveranstaltungen und veröffentlichen regelmäßig Beiträge in den namibischen Zeitungen, in denen sie fordern, dass die in vielen Bereichen der öffentlichen Verwaltung frei werdenden Stellen auch mit qualifizierten Uni-Absolventen besetzt werden und nicht nur durch Beförderungen aus den eigenen Reihen.

Unter denen, die keinen Universitäts-, sondern nur einen Schulabschluss vorweisen können – und das schließt die höheren Schulen und Fachschulen ein –, ist die Arbeitslosenquote mehr als doppelt so hoch. Sie beträgt erschreckende 43,4 Prozent[1] – im Durchschnitt versteht sich. In abgelegenen ländlichen Gebieten und unter Frauen liegt sie sogar noch wesentlich höher. Damit ist die Jugendarbeitslosigkeit in Namibia dreimal so hoch wie der weltweite Durchschnitt[2] und auch im Vergleich der 54 afrikanischen Staaten steht Namibia an viertletzter Stelle, nur gefolgt von Lybien (45,9 Prozent), Südafrika (54 Prozent) und Swaziland (55 Prozent). Selbst eine Berufsausbildung verbessert die Jobchancen nur um wenige Prozentpunkte. In einer lahmenden Wirtschaft gibt es einfach zu wenige

1 Namibia Statistics Agency, 2017

2 International Labour Organisation, 2016. Zitiert nach: Namibia's untapped resource: analysing youth unemployment, Lihongeni Mulama & Victoria Nambinga

Stellen im Land. Hinzu kommt, dass eine Berufsausbildung bzw. Lehre in Namibia ein Prestige-Problem hat; viele junge Menschen aus ehemals benachteiligten Bevölkerungsschichten – und ihre Eltern! – verbinden mit einem Studium ein ehemals „weißes" Privileg und halten es deshalb für den erstrebenswerteren Weg. Dass gute Handwerker oft langfristig wirtschaftlich besser dastehen als Studierte, dringt nur langsam ins Bewusstsein der breiten Bevölkerung – und auch der Politiker.

Die 43 Prozent Jugendarbeitslosigkeit sind noch dramatischer, wenn man bedenkt, dass Namibia ein junges Land ist: 62 Prozent der Erwachsenen im arbeitsfähigen Alter sind in der Altersgruppe zwischen 15 und 35 Jahren, die man in den Arbeitslosenstatistiken weithin als „Jugend" bezeichnet.[3] Und diese Zahl soll sich in den nächsten fünfundzwanzig Jahren verdoppeln. Zum Vergleich: In Deutschland sind 4,7 Prozent der 15 bis 25-Jährigen arbeitslos, bei unseren südeuropäischen Nachbarn in Spanien, Italien und Griechenland bewegt sich diese Quote zwischen 32 und 39 Prozent, und darum machen sich immer mehr junge Spanier auf den Weg in den Norden Europas, um dort einen Job zu finden. Dank ihres EU-Passes können sie das – den Namibiern bleibt nur, in ihrer Heimat nach Möglichkeiten zu suchen.

In dem Roman „Americanah" der Schriftstellerin Chimananda Nkozi Adichie, in dem sie über die Suche der jungen, gebildeten Nigerianer nach beruflichen Chancen

[3] a.a.O.

schreibt, lese ich „Sie [die Freunde in den USA] verstanden, dass man vor einem Krieg flüchtete, vor der Art Armut, die menschliche Seelen zerdrückte, aber sie würden das Bedürfnis, der erdrückenden Lethargie der Chancenlosigkeit zu entkommen, nie begreifen. <...> Keiner von ihnen war unterernährt oder ein Vergewaltigungsopfer oder stammte aus einem niedergebrannten Dorf, sie waren einfach nur ausgehungert nach Wahlmöglichkeiten und Sicherheit." Adichie schreibt über ihr Heimatland Nigeria, das bevölkerungsreichste Land Afrikas und mit seinen mehr als 200 Millionen Einwohnern auf den ersten Blick so weit entfernt von Namibias rund 2 Millionen wie Litauen (knapp 3 Millionen Einwohner) von den USA. Doch die Sehnsucht nach Chancen ist nicht abhängig von der Größe oder gar der Bedeutung des Landes. Auch junge Namibier wollen ein selbstbestimmtes und materiell erfolgreiches Leben führen.

Dafür muss die namibische Wirtschaft wachsen – ein Weg, der alternativlos ist, will der Staat der jungen Bevölkerung weiterhin Perspektiven bieten. Denn nur in einer wachsenden Ökonomie gibt es eine Chance auf Aufstieg, Wohlstand und gesellschaftliches Ansehen auch ohne Vetternwirtschaft und Nepotismus. Will Namibia diese Geißel der afrikanischen Wirtschaften dauerhaft besiegen, bleibt Wachstum die einzige Lösung. Erlebt das Land eine Rezession, wie in den Jahren 2017 und 2018, schwinden die Chancen und der Druck, diese anderswo zu suchen, wächst.

Ich merke, dass ich den Song der amerikanischen Blues-Legende Nina Simone vor mich hin summe: „To be young, gifted and black." Sie schrieb diese desillusionierte Ballade aus der Erfahrung heraus, in den USA der 1960er Jahre als junge schwarze Akademikerin keinen adäquaten Job zu bekommen. Im Namibia von heute sieht die Situation anders aus. Dank *Affirmative Action*, der Politik der „positiven Diskriminierung", gehen offene Stellen im Zweifelsfall an Bewerber aus den früher benachteiligten Bevölkerungsgruppen. Für junge weiße Namibier wird die Suche nach einer Stelle mit Zukunftsaussichten dadurch zusätzlich erschwert. Ein wohl ungewollter Nebeneffekt ist, dass die weißen Namibier noch näher zusammenrücken, denn Seilschaften sind oft die einzige Möglichkeit, dem Nachwuchs eine Perspektive zu eröffnen. Etwa nach dem Motto: „Gibst du meiner Tochter einen Job bei dir im Büro, gebe ich deinem Sohn eine Ausbildung bei mir im Betrieb und später kann er eine Crew führen." Alternativ holt man die jungen Leute gleich in die Familienfirma, wie bei Thomas' Schulfreund Paul, der nach der Schule selbstverständlich in die Importfirma seiner Eltern eintrat – in der schon alle anderen Familienmitglieder arbeiteten.

Mein Eindruck ist, dass junge Namibier aller Hautfarben vor allem einen Wunsch haben: in ihrem eigenen Land erfolgreich zu sein. Mein kleines Traumland Namibia ist damit für mich wie eine Petrischale, in der man beobachten kann, was geschieht – und was nicht – wenn man versucht, das leere Schlagwort vom „Bekämpfen der Fluchtursachen" mit Leben zu füllen.

Sundowner Magic

Warum es um mehr geht als um Drinks und schöne Fotos, wenn wir uns am Abend versammeln, und wieso auch Deutschland mehr davon vertragen könnte.

Meinen ersten Sonnenuntergang in Namibia werde ich wohl nie vergessen. Ich hatte eine Safari gebucht, um endlich der Hektik meiner 60-Stunden-Woche zu entkommen, zumindest für eine kurze Zeit. Noch im Flugzeug war ich in Gedanken immer wieder meine Listen durchgegangen, hatte überlegt, was ich vergessen haben könnte. Offenbar ist das ein beliebter „Zeitvertreib“ auf Namibiaflügen, der auch ein paar Jahre später den Komiker Tommy Jaud zu seinem Bestseller *Hummeldumm* inspirierte. Anders als dessen leicht dümmlicher Held hätte ich natürlich nicht so etwas Wichtiges vergessen wie die Anzahlung für eine neue Wohnung zu überweisen, aber vielleicht eine entscheidende Kleinigkeit wie das Geburtstagsgeschenk für den Neffen oder die Buchhaltung abzuschicken oder die Heizung auszustellen oder … oder … oder …? Ob etwas mehr als zwei Wochen ausreichen würden, um den Abstand zu gewinnen, den ich so dringend brauchte? Während ich fasziniert aus dem Busfenster auf die vorbeifliegende Landschaft starrte, die in herbstlich-sanftes Sonnenlicht getauchten Felsen, die gelben Grasbüschel, die trockenen Sträucher, merkte ich, dass ich zweifelte, ob diese Reise mich wirklich zurückbringen würde in ein unverfälschtes Leben, das ich vor so langer Zeit für die Künstlichkeit der Bürowelten verlassen hatte. Ich blickte auf meinen linken Fuß, der, auf meinem Handgepäckkoffer abgelegt, in den Mittelgang des Busses ragte. Der kleine Zeh ähnelte in Form und Farbe einer prallen blauen Weintraube. Fünf Stunden vor dem Abflug hatte ich es geschafft, ihn schwer zu verstauchen – weil ich zu schnell durch die Wohnung geflitzt war. Schnell noch dies, schnell noch das – und dann war es geschehen: Ich stand schon im Flur, mein linker Fuß auch – nur der linke kleine Zeh, der war noch immer im Wohnzimmer, gestoppt von der Türschwelle, schmerzhaft nach unten gebogen – und wenig später dick und blaurot verfärbt. Das konnte ein Zeichen sein, nur – für was? Dafür, dass es nicht mehr weiterging mit meinem „schnell, schnell"? Oder dafür, dass auch eine Safari in Namibia keine Lösung war für Stress? Wir würden sehen. Immerhin: Zwar war es eine Tortur, die festen Wanderschuhe anzuziehen, doch in ihnen schmerzte der Zeh kaum. Davon würde ich mir die Reise nicht kaputt machen lassen, dachte ich, und versuchte, den kleinen Zweifel, der in meiner Brust nistete, zu ignorieren.

Auf der ersten Lodge angekommen, hatten wir kaum Zeit, unsere Zimmer zu beziehen. Wir dürften den Sonnenuntergang nicht verpassen, kommandierte unser Guide, und so saßen wir nur wenige Minuten später auf einem offenen Geländewagen und fuhren los. Wohin, war nicht erkennbar. Es ging bergauf in der leicht hügeligen Landschaft der Vornamib, auf einer schmalen Sandpiste. Ich glaube, keiner von uns wusste, was uns erwartete. Wir waren müde vom Nachtflug und der langen Busfahrt, vielleicht hakten manche auch noch innerlich Listen ab. Gesprochen wurde jedenfalls wenig. Doch dann fuhr der Geländewagen um eine Kurve, und vor uns standen zwei liebevoll gedeckte Tische mit karierten Tischtüchern und zwei strahlenden Männern dahinter, die uns geradezu bestürmten. „Welcome! Welcome to Namibia! Kommt. Nehmt euch etwas zu trinken! Noch fünfzehn Minuten vielleicht, dann versinkt sie, die Sonne." Folgsam ließ ich mir ein Glas in die Hand drücken und blickte mich um. Der Hügel, auf dem wir standen, war gerade hoch genug, dass wir einen weiten Blick über die Ebene hatten. Dort in der Ferne, winzig klein, waren die Bungalows unserer Lodge zu erkennen. Weiter hinten führte eine zweite Spur zu etwas, das wie ein Campingplatz aussah. Sämtliche Gebäude der Lodge- und Campingplatzanlage waren aus dem rötlich braunen Stein gebaut, der uns überall umgab, und kaum von der Landschaft zu unterscheiden. Die Ebene erstreckte sich weit, fast bis zum Horizont. Nichts behinderte das Auge, erst am äußersten Rand des Blickfelds erhob sich ein langgestreckter Hügelzug. Der Himmel veränderte sich jetzt langsam, das Blau wich, das Licht wurde sanfter, gelbrot schimmerte die Luft um die Sonne, die sich gemächlich der schemenhaften Hügelkette näherte. Meine Mitreisenden, die in Grüppchen zusammenstanden und miteinander redeten, verstummten, einer nach dem anderen. Es war, als hielte das Universum die Luft an und wir mit ihm, bis der Sonnenball langsam hinter der Hügelkette versank. Eben war noch ein Halbkreis zu sehen, nun nur noch ein strahlender Punkt über den Hügeln, der Himmel schimmerte in Rottönen, die langsam in Lila übergingen, dann in Nachtblau. Ich atmete ein, einen tiefen, in der Stille deutlich hörbaren Atemzug. Hatte ich die ganze Zeit die Luft angehalten? Ich konnte mich nicht erinnern. Wie lange hatte es wohl gedauert, bis die Sonne vollständig verschwunden war? Wie lange standen wir hier schon? Wie lange war ich schon in diesem wunderschönen Land? Konnte es sein, dass ich noch vor zwölf Stunden auf einem anderen Kontinent gewesen war, in einer seelenlosen Abflughalle? Langsam atmete ich wieder aus. Unvorstellbar. Alles, was vor diesem Augenblick lag, war unvorstellbar – mein Leben in Deutschland, keinen Tag entfernt – eine unwirklich-blasse Erinnerung, wie ein Traum. Dieser magische Moment hatte alles verändert. Es gab nur dieses Land, diesen Moment, nichts davor. Meine Zweifel, dass eine kurze Safari ausreichen würde, die Knoten in mir zu lösen, die der ständige Stress und die Technisierung des deutschen Alltags in meine Gedanken und Gefühle gewunden hatten, waren weg, verflogen, mit der Sonne hinter den Bergen verschwunden. Und ich wusste in diesem Moment mit tiefer Gewissheit: Anders als die Sonne würden sie nicht wiederkommen.

Jeder Namibiareisende kennt sie, die Sitte des Sundowners, wenn man am Ende des Tages mit einem Getränk zusammenkommt und zusieht, wie die Sonne versinkt. Jeder hat vermutlich auch Lieblingsorte und besondere Erinnerungen an diese Momente. In meiner Erinnerung sticht dieser erste Sonnenuntergang in der Namib deutlich hervor, aber da waren natürlich noch viele andere und eine Rangliste unter ihnen wäre so schwierig wie unsinnig: Wie der Mann an meiner Seite und ich auf dem Campingplatz in der Kalahari saßen, über die flachen rot gewellten Dünen auf eine Gruppe Oryx blickten, die ihren Abend damit verbrachten, ein paar Reisende zu betrachten. Wie wir auf den Granitmurmeln des Erongo saßen, die vom reflektierten Licht des rot glühenden Sonnenballs in Feuerfarben getaucht wurden. Auf dem Okavango strahlte uns David an, der uns zum Sundowner mitten auf den Fluss gerudert hatte, auf seinem Gesicht ein sanftes Orange, vor uns Einbaumkanus, Mokoros, die zum Dorf auf der anderen Flussseite glitten, langsam und bedächtig, wie es sich für diese Tageszeit gehörte. Vom Dorf her hörten wir das fröhliche Schnattern der Kinder am Ufer. Das Flusspferd, das immer zum Sonnenuntergang seinen Kopf aus dem Wasser zu strecken schien, das gigantische Maul weit aufgesperrt, als wollte es den Feuerball am Himmel verschlucken.

Immer hält das Universum für einen kostbaren Moment den Atem an. Und wir, wir kommen zur Ruhe, lassen hinter uns, was der Tag brachte, wenden uns einander zu oder blicken in uns hinein und beginnen den Abend. Der Sundowner ist vor allem eine Haltung, finde ich. Und auch wenn dieses Ritual angeblich eine Erfindung der britischen

Marine sein soll, ist es für mich Ausdruck einer zutiefst afrikanischen Haltung. So wie die *African Time*. Die bereitet mir als Nordeuropäerin allerdings nach wie vor Schwierigkeiten. Es stresst mich, gar nicht oder nur kurzfristig zu planen und damit dem gesamten Konzept der Terminplanung eine Absage erteilen zu müssen. „Lass los!", scheinen mir dagegen meine einheimischen Mitbürger zu sagen. „Lass los und genieße, was ist." Und während es mir den ganzen Tag über immer noch schwerfällt – beim Sundowner gelingt es mir. Das ist für mich der tiefere Sinn dieses Rituals, der wichtiger ist als eine schöne Landschaft und sogar noch wichtiger, als die Sonne wirklich versinken zu sehen. Sundowner kann man überall haben, nicht nur auf Safari – auch in Windhoek. Dort gibt es klassische, wundervolle Sundowner-Spots, wie auf Elisenheim oder der River Crossing Lodge, von denen der Blick weit über das Khomas-Hochland reicht. Oder auf der Terrasse des herrlich altmodischen Hotels *Thule* in Eros, von der aus man über fast die ganze Stadt blicken kann. In unserer Lapa, unserer überdachten Terrasse, von der aus der Blick nur über Avis reicht, haben wir einen fantastischen Sundowner, und bei unseren Freunden Anke und Peter, die in Klein Windhoek wohnen und gar keinen Blick haben, ist der Sundowner ebenfalls unvergleichlich. Es ist einfach ein wunderbarer Moment, um gemeinsam den Tag zu beenden und hinter sich zu lassen, ganz egal, wo auf der Welt man sich befindet.

Das Stichwort Sundowner erinnert meine Freundin Kerstin von Wyk noch heute an den Tag, als sie mit ihrem Lebenspartner, dem 2010 zu früh verstorbenen Musiker

Jackson Kaujeua, das Musikvideo *Kalahari* aufnahm. Die Sonne sank den roten Dünen entgegen, und irgendjemand sagte: Lasst uns beim Sundowner drehen. Unter einer knorrigen Schirmakazie war der perfekte Platz, und schnell war ein bisschen trockenes Holz zusammengetragen für ein Feuer, das den Übergang vom Tag in die Nacht begleiten sollte. Doch keiner vom Team rauchte, niemand hatte ein Feuerzeug dabei. Eigentlich kein Problem, wenn man mit San-Darstellern dreht, doch die jungen San fühlten sich offenbar nicht wohl dabei, so ohne Vorwarnung den Trick mit dem Feuermachen aus alten Holzstückchen vorzuführen. Sie warfen Jackson ein paar Worte zu und rannten davon. „Wohin wollen die denn jetzt?", frage Kerstin. „Feuer holen?" Die jungen Männer hatten sich entschlossen, zur Lodge zu laufen und das Wunder der modernen Zivilisation zu besorgen: Streichhölzer. Niemals sind die rechtzeitig wieder da, dachte Kerstin und offenbarte damit ohne jeden Zweifel ihre deutsche Herkunft. Niemand sonst sorgte sich. Und tatsächlich „flogen" die beiden jungen Männer kurze Zeit später wieder ins Lager, pünktlich zum Sundowner. Ein Feuer wurde entfacht, die Sonne sank, Jackson holte seine Gitarre hervor, und der Zauber der Kalahari legte sich über die Crew, als er zu singen begann. Oder vielleicht legte sich auch für diesen Augenblick der Sundowner-Zauber über die Kalahari. So oder so – es war ein magischer Moment.

Glossar

Abdreh Namibiadeutsch für „Abzweigung" (von Afrikaans: afdraai); wer den falschen Abdreh auf der Pad nimmt, hat ein Problem.

Affirmative Action „positive Diskriminierung" bzw. Quotenregelung zur Gleichstellung ehemals Benachteiligter, die u.a. bei der Einstellung von Berufsbewerbern greift: Gibt es eine(n) schwarze(n) Bewerber(in), muss diese(r) bevorzugt eingestellt werden bzw. es muss der/die beste schwarze Anwärter(in) eigestellt werden. Auch diese Praxis ist aufgrund der Unklarheit der Kriterien zur Einstufung als „formerly disadvantaged" umstritten und wird immer wieder als „umgekehrter Rassismus" bezeichnet.

Afrikaans Die Sprache der Buren in Südafrika und dort eine der elf Staatssprachen. Auch im damaligen Südwestafrika war Afrikaans unter der südafrikanischen Mandatsverwaltung Amts- und Verwaltungssprache. Noch heute ist Afrikaans die verbindende Sprache für die vor der Unabhängigkeit des Landes geborenen Namibier aller Ethnien. Auch nach der Einführung des Englischen als Staatssprache ist die namibische Alltagssprache stark mit Begriffen aus dem Afrikaansen durchsetzt.

Apartheid System der Rassentrennung im öffentlichen

und privaten Leben, das in Südafrika bis 1994 herrschte. Während der Zeit der südafrikanischen Verwaltung galten die Apartheidgesetze auch im damaligen Südwestafrika.

Auf Pad Namibiadeutsch für „unterwegs“ (von Afrikaans „pad“ für „Straße, Weg“)

aufgefockt Namibiadeutscher Kraftausdruck für „vermasselt“; von Afrikaans „opgefok“. Vielfältige Varianten des Wortes „fok“ (von englisch „fuck“) werden in allen namibischen Sprachen/Slangs kreativ verarbeitet und in der Umgangssprache oft und gerne benutzt.

Bakkie Ein Lieferwagen mit offener Ladefläche, ein sogenannter Pick-up. Der Bakkie ist das beliebteste Auto. Auf der offenen Ladefläche wird das Vieh zum Schlachthof transportiert und die Arbeiter aufs Feld.

Biltong Trockenfleisch, der beliebteste Snack Namibias. Rind- oder Wildfleisch wird in Streifen geschnitten und getrocknet. In feine Scheibchen gehobelt, wird Biltong bei fast jeder Gelegenheit verspeist und ist eines der beliebtesten Mitbringsel aus Namibia.

Boerboel Sprich „Burbull“ (von Buren und Bulldogge). Südafrikanische Hunderasse, die zum Schutz der Farmhäuser vor Angreifern gezüchtet wurde. Der Boerboel wird aufgrund seiner Statur und seines Wesens auch als „südafrikanischer Rottweiler“ bezeichnet.

Bokkie Namibiadeutsch für „Ziege“; das aus dem Afrikaansen entlehnte Wort (eigentlich Verniedlichung von „bok“ = Bock, Antilope oder Ziege) ist außerdem ein beliebter Kosename für den/die Liebste(n).

Braai Afrikaans für „Grill“ bzw. „grillen“. Eine der beliebtesten Freizeitbeschäftigungen der Namibier.

Bur/Buren Von Afrikaans „boer“ für „Farmer“. Angehöriger der Buren, der Nachfahren der ersten Siedler, die ab 1652 mit Jan von Riebeck und der Vereinigten Ostindischen Kompanie Südafrika besiedelten. Diese ersten Siedler stammten hauptsächlich aus den Niederlanden, aber auch viele Hugenotten schlossen sich ihnen an, um den Verfolgungen in Europa zu entgehen. Daher dominieren noch heute niederländische und französische Namen in der Burenbevölkerung des südlichen Afrikas.

Caprivianer Die in der Mehrheit bantusprachigen Caprivianer leben im Nordosten Namibias, in den Regionen Sambesi (früher: Caprivi) und Kavango-West.

Damara Ethnische Gruppe in Namibia, die neben den San zu den Ureinwohnern Namibias zählt. Ihr Stammgebiet ist der Nordwesten des Landes zwischen der Erongo-Region und dem Kaokoveld.

Formerly disadvantaged „ehemals benachteiligt/Benachteiligte“, im aktuellen sozio-politischen Diskurs häufig benutzte, „politisch korrekte“ Bezeichnung für die Bevölkerungsgruppen Namibias, gegen die während der Kolonialherrschaft und Apartheid diskriminiert wurde. Die (praktische) Anwendung des Begriffs ist oft umstritten, da z.B. das stark patriarchalisch geprägte Apartheidssystem auch gegen weiße Frauen diskriminierte und manche sehr hellhäutige Mischlinge als „weiß“ klassifiziert wurden.

Gabba-Busch häufig in Namibia vorkommender Strauch mit trompetenförmigen gelben oder hellrosa Blüten und schwarzen Dornen (catophractes alexandri; Deutsch: Schwarzdorn-Silberbusch oder auch Gawa- oder Gabba-Busch; Otjiherero: omukarawize; Oshindonga: okalyanzi; Oshikwanyama. okalyadi Khoegoegoewab: !abba,

!gawab/s; Afrikaans: gabbabos oder skaapbos). „!abba“ oder „!gawab/s“ in der Sprache der Nama/Damara deutet darauf hin, dass besonders Schafe die Blätter dieses Strauches lieben, Kudus bevorzugen die Blüten.

Goggas Sprich „Chochas“, Namibiadeutsch für Käfer, Krabbeltiere oder auch Keime und Krankheitserreger (von Afrikaans: „gogga“); wird auch in anderen namibischen Sprachen/Slangs benutzt.

Herero Das halbnomadische Bantuvolk begann im 16. Jahrhundert, nach Namibia einzuwandern.

Himba Ethnische Gruppe in Namibia. Die Himba sind ein traditionelles afrikanisches Hirtenvolk, deren Siedlungsgebiet das Kaokoveld in der Kunene-Region ist.

kak reden Namibadeutsch, wörtlich: „Scheiße/dummes Zeug reden“ (von Afrikaans „kak“ = Scheiße), dies ist aber positiv besetzt und heißt, dass jeder ungezwungen über Gott und die Welt reden kann, ohne besondere Ansprüche an ‚relevante‘ oder ‚intellektuelle‘ Themen. Gilt als beliebte Beschäftigung beim Braai oder bei anderen sozialen Zusammenkünften.

Kameldorn Kameldornbaum (Acacia erioloba). Als hoher Baum wachsende Akazie mit langen Dornen an den Zweigen und markanten leicht pelzigen, halbmondförmigen Früchten. Das Holz wird als Brennholz und zum Bau von Zäunen genutzt.

Kavango Bantusprachige Ethnie in Namibia. Die Kavango siedeln im Nordosten des Landes, in der Uferregion des Okavango.

klomp Namibiadeutsch für „einen Haufen von …“; das aus dem Afrikaansen entlehnte Wort wird auch im Namlish, dem sich entwickelnden namibisch-englischen Slang, benutzt.

Koeghoeghoewab Sprich „Kuchuchuwab" ist die Oberbezeichnung für die von den Nama, Damara und San gesprochenen Sprachen mit Klick und Schnalzlauten.

Kwaito Ein in den 1990er Jahren in den Townships Südafrikas entstandener Musikstil, der an House und Hip-Hop erinnert.

Lapa Ein mit Reet überdachter Außenbereich, unter dem sich oft der Grillplatz befindet. In namibischen Immobilienanzeigen wird dieser Bereich des Hauses oft treffsicher mit „Entertainment Area" umschrieben.

Lekker Afrikaans für „lecker" bzw. „gut schmeckend". Aber lekker ist auch der Film, die neue Freundin, der Abend mit den Freunden.

Matrik von englisch: „matriculation" und Afrikaans „matrikulasie"; zu Zeiten des südafrikanischen Bildungssystems, das vor der Unabhängigkeit Namibias galt, war die verkürzte Form „Matric" bzw. „Matriek" als Bezeichnung für den Schulabschluss nach der 12. Klasse üblich. Dies ist in den allgemeinen namibischen Sprachgebrauch eingegangen und hält sich dort in allen namibischen Sprachen bis heute.

Meneer Afrikaans für „Mein Herr". Respektvolle Anrede, im Sinne von „Gnädiger Herr".

Mokoro Traditionelles Einbaumkanu, wie es auf Okavango, Kwando und Sambesi verwendet wird.

Mooi Sprich „moi". Namibiadeutsch für „gut". „Du hast da ein mooies Auto gekauft."

Moss Nach dem Afrikaansen "mos" für „doch". Gern gebrauchtes bekräftigendes Füllwort im Namibiadeutsch.

Nama Ethnische Gruppe in Namibia. Die khoisansprechenden Nama, in der Kolonialzeit als „Hottentotten" bezeichnet, wanderten im 18. und 19. Jahrhundert aus der Kapregion ein.

Ovambo Größte ethnische Gruppe in Namibia. Die bantusprechenden Ovambo wanderten im 16. und 17. Jahrhundert in das Gebiet des heutigen Namibia ein.

Oshivambo Sprache der (->) Ovambo

Otjherero Sprache der (->) Herero

Pad Der Weg, die Straße. Ich bin „auf Pad", also „unterwegs" in Namibia.

Padstal In fast allen namibischen Sprachen benutzte afrikaanse Bezeichnung für einen Verkaufsstand neben der Überlandstraße (s.oben „pad", „stal" = Verkaufsstand), wo anliegende Farmer Frischprodukte und/oder Selbstgemachtes anbieten; dort stockt man „auf Pad" insbesondere Biltong- und Trockenwurstvorräte auf.

Rivier Trockenfluss oder Trockenflussbett. Namibische Flüsse sind mit Ausnahme des Kunene, Kavango und Sambesi im Norden und des Oranje im Süden während des ganzen Jahres trocken. Nur während der Regenzeit füllen sich die Riviere innerhalb kürzester Zeit mit Wasser und können zu reißenden Flüssen werden.

Resettlement Wiederansiedlung von ehemals Benachteiligten auf Farmland, das meistens in „weißem" Besitz ist und zum Zweck der Wiederansiedlung in Regierungsbesitz übergehen muss. Dies geschieht bisher nach dem Prinzip

„williger Käufer, williger Verkäufer". Die Effizienz und Nachhaltigkeit der Wiederansiedlung ist auf allen Seiten stark umstritten.

San Auch „Buschleute" oder „Buschmänner" genanntes Nomadenvolk. Die San sind die älteste Bevölkerungsgruppe in Namibia und gelten daher als die Ureinwohner des Landes.

Sommer (auch somma oder soma) Sprich wie „Sommer" mit stimmlosem S, Namibiadeutsch für „einfach so"; aus dem Afrikaansen entlehntes Füllwort, das ähnlich wie „mos" in fast allen namibischen Sprachen/Slangs benutzt wird.

taai Namibiadeutsch für „zäh"; aus dem Afrikaansen entlehnt und im übertragenen Sinne auch als Charakterzug verwendet.

Tswana Kleinste namibische Volksgruppe mit nur rund 6.000 Angehörigen. Sie sind verwandt mit der Tswana-Ethnie in Botswana und leben in der Region Gobabis.

Witbooi Hendrik Witbooi, um 1830 geborener, 1905 gestorbener Nama-Häuptling und Anführer im Kampf gegen die deutsche Kolonialmacht. Abgebildet auf vielen namibischen Banknoten.

Und ein Dank zum Schluss

Wieder einmal möchte ich mich herzlich bedanken, bei allen, die an der Entstehung dieses Buches mitgewirkt haben. Bei meiner Autoren-Kollegin Hannah Schreckenbach, die mir unermüdlich Tipps für spannende Themen zumailte, bei Sylvia Schlettwein, die die Geschichten mit der namibischen Brille auf Herz und Nieren prüfte, und bei Maren Jessen, meiner Lektorin, die mit Feingefühl und konsequentem Sachverstand der Sprache den letzten Schliff gab. Ein ganz besonderer Dank gilt Erika von Wietersheim, dieser großartigen namibischen Autorin, für die Erlaubnis, ausführlich aus ihrem Buch *This Land Is My Land* zu zitieren, und für die Kontakte, die sie mir vermittelt hat. Die Fotografin Julia Runge hat für das Cover in Swakopmund das perfekte Foto aufgenommen, Paperlux hat es in Szene gesetzt und Brit und Tobias Albrecht haben daraus ein Buch gemacht.

Es ist unmöglich, alle aufzuzählen, die durch ihre kleinen und großen Geschichten und Erlebnisse dieses

Buch mit echtem Leben gefüllt haben. Meine namibische Familie und die vielen Freunde in Windhoek und auf den Farmen, bei denen ich mich herzlich bedanke. Die meisten finden sich an der einen oder anderen Stelle in diesem Buch wieder und werden sich auch mit dem geänderten Namen erkennen. Ohne Euch gäbe es keine Geschichten zu erzählen. Danke.

Anna Mandus

MEHR VON ANNA MANDUS

Anna Mandus

Licht und Schatten in Namibia

Alltag in einem Traumland

Wer Namibias Herzschlag hören will, muss mit offenen Augen und Ohren durch das Land gehen, denn es bietet mehr als Wüsten, Löwen und Lagerfeuerromantik. Anna Mandus, für die das Traumziel im südlichen Afrika zur zweiten Heimat wurde, öffnet uns den Blick auf das, was die Menschen hier bewegt. Mit viel Kenntnis und Witz schildert sie kleine und große Erlebnisse mit den Menschen, ihren Problemen und Hoffnungen, Traditionen und Träumen. Von überall spannt sie Fäden zu Geschichte, Politik und Kultur Namibias und beleuchtet Details mit dem Licht der eigenen Erfahrung.

Begleiten Sie Anna Mandus in einen Windhoeker Supermarkt, ins Rugbystadion und auf eine Frauenkonferenz. Werfen Sie mit ihr einen Blick in die Schulen und Krankenhäuser. Hören Sie Geschichten aus dem Busch und von der Hundewiese und erfahren Sie etwas von namibischen Gepflogenheiten auf Grillpartys und Campingplätzen. Stellen Sie sich ungewohnten Fragen: Kann es zu viel Regen geben in einem Wüstenstaat? Was machen eigentlich Chinesen in Namibia? Und: Wann ist man ein »richtiger Namibier«?

Anna Mandus

Oppikoppi

Auf Safari in Namibia

Gibt es ein Rezept, um sich innerhalb von 24 Stunden in Namibia zu verlieben? Man nehme eine Wander-Safari zu Namibias touristischen Highlights. Hinzu füge man eine jobmüde Journalistin, zwölf Mitreisende, von denen mindestens einer ein Geheimnis hat, und einen zu allem entschlossenen Reiseleiter. Als Nächstes werden Löwen, Hippos und unzähmbare Touristen dazugegeben. Danach Buschmänner, Wilderer und Waisenkinder vorsichtig unterheben. Abgeschmeckt wird das Ganze mit einer Messerspitze Drama und einer Prise Romantik.

Das Ergebnis ist eine unterhaltsame Safari durch den namibischen Busch, auf der der Leser nicht nur Namibias Naturschönheiten kennenlernt. Anna Mandus hat viele Anekdoten über die Menschen und Tiere Namibias und ihre Besucher aus Europa unter die Geschichte gemischt und bietet so eine kurzweilige und informative Reiselektüre oder das richtige Rezept für eine Sehnsuchtsreise auf dem eigenen Sofa.

Anna Mandus

Ombura! Ombura!

Regen für Namibia

Wie wäre es, wenn Touristen in Namibia mehr erleben könnten als Wüstensafaris, Tierbeobachtungen und atemberaubende Sonnenuntergänge? Wenn sie dazu auch Kontakt zu den Menschen bekämen und einen Beitrag dazu leisten könnten, dass es denen besser geht, die es am Nötigsten haben? Wäre das nicht ein verlockendes Angebot für Namibiareisende?

Mit dieser Idee überrascht Charlotte Bäumler ihre Freundin Rina, die seit ein paar Jahren mit ihrem Lebensgefährten Wolf in Namibia Touren organisiert. Eine Testreise soll zeigen, ob das Konzept funktionieren kann. Doch von Anfang an scheint das Schicksal andere Pläne für Charlotte zu haben. Sinnvolles Helfen ist schwieriger als gedacht, Und dazu regnet es! Wo auch immer Charlotte auftaucht, wird sie von einem Wolkenbruch empfangen. Sie ist kurz davor aufzugeben – bis sie auf der Farm Auszeit Fred kennenlernt und erkennt, was wirklich wichtig ist.

„Ombura! Ombura!“ setzt die Geschichte fort, die in „Oppikoppi“ begann, kann aber unabhängig gelesen werden.

Erika von Wietersheim

Nur 24 Zeilen

Eine wahre Geschichte über den Krieg, die Liebe und den langen Weg zurück nach Afrika

Kapstadt 1939. Am Vorabend des Zweiten Weltkriegs lernt der junge deutsche Austauschlehrer Kurt Falk Hildegard Mereis kennen – und verliebt sich auf den ersten Blick. Nur zwei Tage später reist er Hals über Kopf ab, um der drohenden Internierung zu entkommen. Auf seiner abenteuerlichen Flucht Richtung Norden gerät Kurt jedoch schnell in den Strudel des Krieges: Er wird gefangen genommen, überlebt nur knapp die Torpedierung des Transportschiffs und landet nach vielen Zwischenstationen schließlich in einem australischen Internierungslager, während Hildegard in Kapstadt ihren Weg allein finden muss. Keiner der beiden ahnt, dass es zehn Jahre dauern wird, bis sie sich wiedersehen. Zehn Jahre, in denen sie sich nur Briefe schreiben können.

Die in Namibia geborene Journalistin und Autorin Erika von Wietersheim hat die wahre Geschichte ihrer Eltern aus mehr als hundert erhaltenen Briefen rekonstruiert, in den zeitgeschichtlichen Zusammenhang gestellt und daraus eine spannende und berührende Erzählung verfasst.

Erika von Wietersheim

Aus-Zeit

Mit Mozart und den Buschleuten in der Namib

„Hape Kerkeling sagte einfach: ›Ich bin dann mal weg‹, als er einen Monat durch Spanien pilgerte, auf dem Jakobsweg. Dasselbe sage ich jetzt auch, obwohl ich nicht wandern, sondern an einem Ort bleiben werde. Auf einer Farm in einer menschenleeren Landschaft, in der Nähe des Wüstendorfes Aus, 750 Kilometer südlich von Windhoek. Aus-Zeit. Kein Refugium, kein Martyrium, nur raus aus dem gewohnten Trott und mich einer neuen Erfahrung an einem unbekannten Ort stellen. Der Erfahrung, vier Wochen lang meine Tage zu füllen mit mir selbst, den Geschichten, die ich schreiben will, und dem, was mir in dieser Landschaft begegnen wird ..."

Um die Lebens- und Liebesgeschichte ihrer Eltern zu schreiben, zieht sich Erika von Wietersheim in die Namib zurück. Dort erlebt sie mit allen Sinnen die Stille und Unberührtheit der Gegend und nimmt uns mit auf eine poetische Reise in die Natur, die Vergangenheit und – nicht zuletzt – zum eigenen Ich. *Aus-Zeit* ist eine poetische Liebeserklärung an die Wüste, die Einsamkeit und die Überlieferungen der Ureinwohner, die man immer wieder lesen möchte.

Erika von Wietersheim

Guten Morgen, Namibia!

Eine Farm, eine Schule und unser Weg von der Apartheid zur Unabhängigkeit

In dieser biografischen Erzählung nimmt uns Erika von Wietersheim mit in die Zeit von 1976 bis zur Verabschiedung der ersten Verfassung für das unabhängige Namibia am 21. März 1990. Es ist die Geschichte einer zweifachen Emanzipation: Die junge, im Studium in Südafrika liberal geprägte Namibierin kommt auf die Farm ihrer Schwiegereltern in ein traditionelles, von der Apartheid bestimmtes Gefüge. Was kann sie tun, um ihren Teil beizutragen zu einem gerechteren Miteinander der Völker und zu besseren Zukunftsperspektiven für die durch Kolonialisation und Apartheid unterdrückten Menschen? Bildung heißt ihre Antwort, und so baut sie – zunächst ohne jede Unterstützung – eine Farmschule auf und begibt sich damit auf einen Weg, der sie mit vielen zentralen Personen der namibischen Unabhängigkeitsbewegung zusammenführt. Die Autorin verwebt kunstvoll Beschreibungen ihres Lebens auf der Farm mit politischen Hintergründen und Bewegungen, gibt uns Einblicke in die Kultur der dort ansässigen Volksgruppe der Nama, lässt uns die Höhen und Tiefen des Farmalltags erleben und zeigt, dass es auch in der weißen namibischen Bevölkerung die Bestrebungen nach einer gerechten und selbstbestimmten Gesellschaft gab.

Sylvia Schlettwein

Katima

Eine Kindheit in Namibia

Einen Bunker im Garten und einen Elefanten im Wohnzimmer. In KATIMA erinnert sich Sylvia Schlettwein, namibische Autorin und Tochter des Ministers Carl-Hermann „Calle" Schlettwein an ihre Kindheit in Katima-Mulilo im damals noch Caprivi-Zipfel genannten Nordosten Namibias. In 16 bezaubernden Geschichten öffnet sie uns Fenster in einen namibischen Alltag vor der Unabhängigkeit, aus der Sicht einer Familie, die sich schon früh mit der SWAPO verbunden hatte. Aus Kindersicht erleben wir Zauber und Erbarmungslosigkeit Afrikas, die nüchterne Realität, den Alltag zwischen deutscher Tradition und dem Bekenntnis zu Afrika und vieles mehr ... KATIMA ist eine literarische Zeitreise in den Caprivi der 1980er Jahre und eine Liebeserklärung an die Schönheit und Vielfalt des Landes und der Menschen Namibias.

Hannah Schreckenbach

Sehnsuchtsland Namibia

Reiseerlebnisse einer Afrikakennerin

In den Magdeburger Bombennächten des Jahres 1944 beginnt die Sehnsucht eines kleinen Mädchens nach Namibia; ein Buch über eine Kinderfarm im damaligen *Deutsch-Südwest* hilft ihr, den Schrecken um sie herum für einige Momente zu vergessen. Zwar führt ihr Beruf sie zunächst für mehr als zwanzig Jahre nach Westafrika, doch Hannah Schreckenbach verliert ihr Ziel nicht aus den Augen: das Sehnsuchtsland ihrer Kindheit zu bereisen. 1992 ist es zum ersten Mal soweit und in den nächsten zwei Jahrzehnten erforscht die zur „Old Africa Hand" gereifte Architektin, Dozentin und GTZ-Beraterin immer wieder den Wüstenstaat im südlichen Afrika.

In *Sehnsuchtsland Namibia* schildert sie ihre persönlichen Eindrücke und Erlebnisse und kommentiert Gegenwart und Zukunft Namibias vor dem Hintergrund ihrer Erfahrungen in anderen afrikanischen Staaten. Sie beobachtet in Namibia ein afrikanisches Entwicklungsland, mit all seinen Erwartungen, Hoffnungen, Gegensätzen und Schwierigkeiten.

Mit 80 Skizzen der Autorin

Hannah Schreckenbach

Herzensheimat Ghana

Erinnerungen an ein Land im Aufbruch

Ghana, die ehemalige Goldküste, wurde als erste afrikanische Kolonie unabhängig. 22 Jahre lebte die Autorin dort und arbeitete für den jungen Staat. Neugierig auf alles Unbekannte, lernte sie schnell, wie Ghana wirklich tickt – und hielt diese heute fast vergessene Welt in Skizzen, Fotos und Notizen fest. In einem launigen Reigen von Alltagsbeobachtungen erzählt sie von großen und kleinen Begebenheiten wie ein westafrikanischer Geschichtenerzähler, der Griot, es in seiner mündlichen Überlieferung tun würde: vom Ghanaischen „Knigge" und der Esskultur, vom Highlife-Tanzen und dem Polospiel, von Goldschmieden und Sargkünstlern. Wir erleben mit ihr die Euphorie in den Anfangsjahren nach der Unabhängigkeit, aber auch vier grausame Militärputsche und die Talfahrt des Landes. Wir lesen von warmherzigen Menschen, von den Höhen und Tiefen des Lebens, werfen einen Blick auf Ghanas großartige und vielschichtige Kultur und folgen am Ende der Frage: Quo vadis, Ghana?

Mit 70 Skizzen der Autorin und 16 Seiten Bildteil

NAMIBIA HEUTE

Julia Runge

Shebeen Queens

Begegnungen in Namibias Townships

Die Fotografin Julia Runge hat in diesem Fotoband erneut eine wenig beachtete Gruppe der namibischen Gesellschaft in den Mittelpunkt ihrer künstlerischen Arbeit gestellt. Sie porträtiert die starken Frauen, die in den Townships Namibias eine Bar, eine sogenannte „Shebeen" betreiben, und die damit versuchen, der Armutsspirale zu entgehen und ihre Familien zu versorgen. Runge ist diesen Frauen ohne Mitleid auf Augenhöhe begegnet, voller Respekt für ihren Mut und ihre Würde. So entstanden ein-dringliche Porträts, die man nicht vergisst.

„Shebeen Queens" wurde im Rahmen der Projektreihe „Grenzgänger" von der Robert-Bosch-Stiftung und dem Literarischen Colloquium Berlin gefördert.

Frank Gschwender (Hg.)

Deutschland ist für mich ein Flusspferd

Namibische Perspektiven

Was verbindet eine Benediktinerschwester, einen Marketingmanager, einen Musiker, eine MBA-Absolventin, einen Kfz-Mechaniker, einen Korbflechter, eine Agrarwissenschaftlerin, einen Ingenieur, eine Sozialpädagogin, und einen Logistikexperten? Sie alle stammen aus Namibia und haben Deutschland als Heimat gewählt. Ihr klarer Blick für die Zwischentöne der deutsch-namibischen Verhältnisse überrascht und versöhnt zugleich.

Wir wissen wenig darüber, was Namibier*innen über unser Land und über unsere Gesellschaft denken, denn wir beschäftigen uns in der Regel nur dann mit ihren Ansichten, wenn es um die Bewältigung der kolonialen Vergangenheit oder um den Tourismus geht. Ansonsten ist unser Blick einseitig von Nord nach Süd gerichtet. Doch nun lassen uns zehn Namibier*innen durch ihre Augen auf das Land blicken, das für sie zur zweiten Heimat geworden ist.

Frank Gschwender (Text) & Josef Madisia (Bilder)

Ondjamba und sein großer Freund

Eine Geschichte aus der Wüste Namibias

Der junge Elefant Ondjamba wächst und wächst und wird schließlich so groß, dass seine Herde ihn aus Befremdung und Angst verstößt. Er wandert durch die namibische Steppe und die Wüste bis ans Meer, wo er einen neuen Freund findet, einen Wal.

Ondjamba und sein grosser Freund ist ein modernes afrikanisches Märchen. Eine Geschichte für Kinder und Erwachsene über das Anderssein und die Freundschaft und damit über eines der zentralen Themen für Kinder – und besonders im Hinblick auf unsere aktuelle gesellschaftliche Situation für Leser aller Altersgruppen. Josef Madisias farbfrohe Bilder ziehen Leser und Betrachter in ihren Bann und versetzen sie in die afrikanische Steppe.

Damit ist das aufwendig gestaltete und verarbeitete Buch ein wunderbares Geschenk für die Kleinen in der Familie, mit dem Eltern, Großeltern, Paten und Freunde von ihrem Traumziel und ihren Erlebnissen dort erzählen können.